W0062475

Vom Klugscheißer zum Besserwisser

Andrea Barham

Vom Klugscheißer
zum Besserwisser

Warum viele Dinge falsch sind,
von denen wir denken, sie seien richtig.

Lappan

Neue Geschehnisse geben neue Pflichten auf:
Die Zeit schleift Althergebrachtes ab.
Es muss stets auf- und vorwärtsgehen.
Wer bleibt mit der Wahrheit auf dem Laufenden?

The Present Crisis
JAMES RUSSELL LOWELL
(1819–1891)

Copyright © 2005 by Andrea Barham
Die Originalausgabe ist unter dem Titel *The Pedant's Revolt* 2005 bei
Michael O'Mara Books, London, erschienen.

Für die deutschsprachige Ausgabe
Copyright © 2007 Lappan Verlag GmbH
Postfach 3407 · 26024 Oldenburg
Übersetzung: Katja Rudnick
Lektorat: Peter Baumann
Druck und Bindung: Westermann Druck, Zwickau
Printed in Germany
ISBN: 978-3-8303-3157-5

INHALTSVERZEICHNIS

WIDMUNG UND DANK

Für meine Schwester Lynsey in Liebe.

Ich möchte mich bei Andy Barham, Simon Blackman und Andy Jerrison dafür bedanken, dass sie so nett zu mir waren und mich durch praktische Hilfe beim Schreiben des Buches unterstützt haben. Ich bin allen Fachleuten dankbar, die geduldig meine Fragen beantwortet haben, und ohne die es dieses Buch nicht geben würde. Dank auch an Jennifer Blackman für das Ausleihen ihres Stuhls in Notfällen und ein herzliches Dankeschön an Helen Cumberbatch, meine Herausgeberin, die (fast) genauso viel Leidenschaft in dieses Buch gesteckt hat wie ich selbst.

VORWORT

Wir alle werden täglich mit Fakten und Zahlen überhäuft und überhäufen unsererseits andere mit Fakten und Zahlen, die uns zugetragen wurden. Doch wie viele davon sind richtig? Ich beispielsweise habe einem Freund gegenüber einmal behauptet, dass der Herzschlag aussetzt, wenn man niest. Mein Freund reagierte ungläubig: „Ist das wirklich wahr?" Ich antwortete leicht verunsichert: „Anscheinend schon, ja." Dann habe ich nachgeforscht und herausgefunden, dass meine Behauptung nicht stimmte. Das machte mich stutzig, und ich begann mich zu fragen, wie viele andere der von mir für wahr gehaltenen „Tatsachen" in Wahrheit ebenfalls falsch waren: Können Eulen ihren Kopf wirklich um 360 Grad drehen? Kann man von einem Mix aus Aspirin und Coca-Cola high werden? Können Haare über Nacht weiß werden?

Ich hatte Blut geleckt. Jede Antwort warf neue Fragen auf und enthüllte weitere Irrtümer, die ich schließlich zu sammeln begann. Als ich fünfhundert zusammengetragen hatte, fragte ich mich, ob überhaupt etwas von dem wahr war, was ich bisher für wahr gehalten hatte. Ich fand heraus, dass Hitler kein Vegetarier und Kleopatra keine Ägypterin gewesen ist, und dass Ostern nicht nach einer heidnischen Gottheit benannt wurde.

Ich lernte, dass die Wahrheit manchmal im Laufe der Zeit verfälscht wird oder dass reine Vermutungen für Tatsachen gehalten werden. Ich wunderte mich, wie viel Blödsinn Eingang in die Annalen unseres kollektiven Allgemeinwissens gefunden hat und fragte mich, wie es zu einer solchen Häufung von Fehlinformationen kommen konnte.

Als ich dieses Buch schrieb, liefen im britischen Fernsehen gerade zwei auf Fehlinformationen basierende Werbespots für ein Frühstücksmüsli für Kinder. Der eine verwies darauf, dass Spinat stark mache, der andere, dass vor Kolumbus jeder geglaubt hatte, die Erde wäre eine Scheibe.

Ich selber glaube inzwischen, dass solche und ähnliche Behauptungen nicht deshalb wiederholt werden, weil sie wahr sind, sondern weil sie sich gut anhören. Von wie vielen Menschen mussten Sie sich schon einmal die faszinierende „Tatsache" anhören, dass jeder von uns pro Jahr durchschnittlich acht Spinnen im Schlaf verschluckt?

Das Ammenmärchen von den Spinnen ist dabei noch relativ jung, andere – etwa jenes vom Vogel Strauß, der seinen Kopf in den Sand steckt, wenn Gefahr droht – gehen bis ins alte Rom zurück. Bei einigen lässt sich die Herkunft nachweisen – ein Gemälde im Fall der römischen Geste des nach unten zeigenden Daumens oder ein Kinofilm wie beim weitverbreiteten Irrglauben, dass Lemminge kollektiven Selbstmord begehen.

Dabei treibt die Kraft des Irr- und Aberglaubens manchmal seltsame Blüten: Da werden Denkmäler für nicht existierende Helden wie dem kleinen Holländer Hans Brinker gesetzt oder Unfallopfer zu Märtyrern umgedeutet, wie beispielsweise im Fall der Suffragette Emily Davison. Sogar bei berühmten Historikern des Altertums wie Suetonius und Dio kann man sich nicht immer darauf verlassen, dass sie sich strikt an die Fakten gehalten haben.

Bei der Suche nach der Wahrheit kann Pedanterie kontraproduktiv sein: Es bringt nichts, sich aufs Detail zu konzentrieren und darob die größere Wahrheit zu übersehen. Es gilt aber immer dort pedantisch zu sein, wo es um die Wahrheit selbst geht.

Die Gesamtheit der von mir gesammelten Irrtümer würde den Rahmen dieses Buches sprengen, doch möchte ich Sie mit der vorliegenden Auswahl dazu ermuntern, vermeintlich gesicherten Erkenntnissen, von denen Sie nicht absolut überzeugt sind, auf den Grund zu gehen. Wenn Sie also das nächste Mal in Versuchung geraten, eine überlieferte Weisheit weiterzugeben, überlegen Sie, woher Sie diese haben und wie weise sie tatsächlich ist. Wenn Ihr Wissen aus einem Werbespot für Frühstücksflocken stammt, denken Sie besser noch einmal darüber nach.

Andrea Barham

1. KAPITEL

KUNST, LITERATUR UND UNTERHALTUNG

„Harpo Marx war stumm!"

HARPO MARX, EIGENTLICH Adolph Arthur Marx (1886–1964), der mit seinen Brü-
dern Chico und Groucho (und anfänglich
auch Gummo und Zeppo) die für ihre grotes-
ke Slapstick-Komik berühmten *Marx Brothers*
bildete, konnte sehr wohl sprechen. Der Spitz-
name des hellrot gelockten Komikers mit der
Hupe ist darauf zurückzuführen, dass er als
Autodidakt ein talentierter Harfenist war.

Im November 2000 war Harpos Sohn Bill
Marx zu Gast in der Sendung *The Birth of
Screen Comedy* auf BBC Radio II und erklärte,
warum sein Vater auf der Bühne und später in den Filmen der Marx
Brothers nicht sprach: Es war die Folge einer frühen schlechten Kritik, in der es hieß, dass seine Pantomime großartig sei, er dieses Bild
aber ruiniere, sobald er den Mund aufmache. Bill Marx sagte dazu:
„Mein Vater hat sich das zu Herzen genommen und einfach aufge-
hört zu reden."

Möchten Sie Harpo Marx sprechen hören? Auf der Website www.
marx-brothers.org/living/Harposp.htm erzählt er Ihnen, wie er beim
Musizieren in einem Bordell vom Hocker fiel!

„Toulouse-Lautrec war ein Zwerg!"

DER FRANZÖSISCHE MALER und Grafiker Toulouse-Lautrec
(1884–1901), der mit seinen Bildern vom Pariser Nachtleben zum
Chronisten der Pariser Gesellschaft wurde, aber mit seinen Litho-
graphien auch Kulturgüter und Produkte bewarb und dem Plakat
zu künstlerischem Rang verhalf, mag zwar mit einem Geburtsfehler

zur Welt gekommen sein, doch handelte es sich dabei nicht, wie allgemein angenommen, um Zwergwüchsigkeit (Achondroplasie). Matthias Arnold schreibt dazu in seinem Buch *Henri de Toulouse-Lautrec*, der Geburtsfehler des Adelssprosses sei höchstwahrscheinlich „eine erblich bedingte Knochenkrankheit (Pyknodysostose)" gewesen.

In der *Encyclopaedia Britannica* ist nachzulesen, dass sich Toulouse-Loutrec im Alter von dreizehn Jahren zunächst den linken und ein gutes Jahr darauf bei einem zweiten Missgeschick auch noch den rechten Oberschenkelhalsknochen brach. Der vermutlich unzulänglich behandelte Knochenschaden führte dazu, dass seine Beine verkümmerten, nicht mehr wuchsen und starke Gehbeschwerden verursachten. Als Erwachsener hatte Toulouse-Lautrec eine Körpergröße von 1,52 m – kein Riese, aber auch kein Zwerg, denn nur seine Beine blieben unterentwickelt.

Ein weiterer Irrglaube, der den Künstler umgibt, hängt mit dem Namen „Toulouse" zusammen. Dieser wurde oft als sein Vorname angesehen, ist jedoch tatsächlich Teil seines Nachnamens. Die *Encyclopaedia Britannica* nennt als seinen vollständigen Namen „Henri-Marie-Raymonde de Toulouse-Lautrec-Monfa".

„Errol Flynn war Ire, Engländer oder Amerikaner!"

DER FESCHE HOLLYWOOD-SCHAUSPIELER Errol Flynn (1909 bis 1959) erwarb sich seinen Ruf als großer Säbelrassler und Herzensbrecher mit Filmen wie *The Adventures of Robin Hood/Robin Hood, König der Vagabunden* (1938) und *The Sea Hawk/Der Herr der sieben Meere* (1940). Der Biograph Jeffrey Meyers enthüllte in seinem 2002 erschienenen Buch *Inherited Risk*, dass die Publicity-Abteilungen der Hollywoodstudios, die den Auftrag hatten, Flynns romantisches Leinwandimage zu pflegen, ihn abwechselnd als „verrückten Iren", „eleganten Engländer" und „tollkühnen Amerikaner" darstellten.

Verbürgt ist jedoch, dass Flynn der Sohn des australischen Biologen Professor Theodore Leslie Thomson Flynn war und 1909 in Hobart auf der Insel Tasmanien geboren wurde. Somit war Flynn weder Ire noch Engländer, noch Amerikaner, sondern von Geburt an Australier.

„Walt Disney ist kryonisch eingefroren!"

DER AMERIKANISCHE TRICKFILMPIONIER Walt Disney (1901 bis 1966) ist die bekannteste kryonisch eingefrorene Berühmtheit. Oder wäre es, wenn man ihn tatsächlich eingefroren hätte. Disney hasste großen Beerdigungspomp und verfügte vor seinem Tod, dass er keinen haben wollte. Nachdem Disney seinem Lungenkrebsleiden erlegen war, fand die Urnenbeisetzung im Dezember 1966 im kleinen familiären Rahmen statt.

Knapp einen Monat später wurde der Psychologe Dr. James Bedford als erster Mensch im Cryonics Institute, Michigan, USA, eingefroren. Die Tatsache, dass das Bekanntwerden der Kryonik und Disneys bescheidene Beerdigung zeitlich eng beieinanderlagen, scheint der Hauptgrund dafür zu sein, dass Zweifel an Disneys letzter Ruhestätte aufkamen.

Die erste gedruckte Version des Gerüchts dürfte 1969 in der französischen Zeitschrift *Ici Paris* erschienen sein. In der Folge wurde die Geschichte in mehreren, nicht autorisierten Biographien aufgegriffen. In *Walt Disney, Genie im Zwielicht* behauptet der Autor Marc Eliot sogar, dass Disney sich für Kryonik interessiert habe. Dem widerspricht der Disney-Archivar Robert Tieman mit der Aussage, dass die ersten Versuche, einen Menschen einzufrieren, erst nach Disneys Tod diskutiert worden seien. Und selbst das Cryonics Institute ließ auf die Frage, ob Walt Disney eingefroren worden sei, verlauten: „Das glauben wir nicht."

In ihrem 1998 erschienenen Buch *The Man Behind the Magic: The Story of Walt Disney* schreiben die Biographen Katherine und Richard Greene, die ungehinderten Zugang zur Disney-Familie und deren Archiven hatten: „Entgegen anders lautenden Gerüchten wurde Walt eingeäschert – nicht eingefroren."

Tatsächlich geht aus seiner Todesurkunde hervor, dass seine sterblichen Überreste am 17.12.1966 im Forest Lawn Memorial Park, Glendale, Los Angeles, Kalifornien, eingeäschert und danach, gemäß Richard Poole, dem Autor von *Frommer's Los Angeles 2004*, „in einem kleinen Garten, linker Hand des Freedom Mausoleums" beigesetzt wurden.

„Die viktorianische Schauspielerin Sarah Bernhardt trat mit einem Holzbein auf!"

ES STIMMT, DASS die berühmte französische Schauspielerin Henriette-Rosine Bernard (alias Sarah Bernhardt) im Verlauf ihrer langen Karriere ein Bein verloren hat: Bei einer Südamerika-Tournee im Jahr 1905 zog sie sich bei der Produktion des Theaterstücks *La Tosca* eine Verletzung an ihrem rechten Knie zu, als sie in der letzten Szene des Stücks von der Brüstung sprang und unglücklich aufkam. Zehn Jahre später entzündete sich das Bein und musste amputiert werden. Da war Sarah Bernhardt einundsiebzig Jahre alt.

Obwohl die Bernhardt versuchte, eine Beinprothese zu benutzen, konnte sie sich nicht dafür erwärmen. Sie war jedoch entschlossen, sich ihre erfolgreiche Schauspielkarriere durch diesen Rückschlag nicht zerstören zu lassen. Im Jahre 1920 brach sie denn auch zu einer erneuten Europatournee auf, für die sie sich Rollen ausgesucht hatte, die es ihr erlaubten, im Sitzen zu spielen.

Der Theaterkritiker Howard Greer beschreibt einen von Bernhardts tapferen Auftritten in einem im Jahr 1920 im *Theatre Magazine* erschienenen Artikel: „Während der gesamten Handlung des Stücks erscheint der Star [Bernhardt] nur gerade zweimal und bleibt auf einer goldenen Sänfte sitzen. Bernhardt wird von vier Sklaven in schwerer Rüstung auf die Bühne getragen und legt sich genüsslich in ihre Kissen zurück."

„Der Song *Puff, the Magic Dragon* von Peter, Paul & Mary ist eine versteckte Anspielung auf das Rauchen von Marihuana!"

DER LEGENDE NACH handelt der reizende Kinderhit der amerikanischen Folkgruppe Peter, Paul and Mary vom Marihuanarauchen: „Puff" bezieht sich der Legende zufolge auf das Rauchen von Drogen, der Nachname des „little Jackie Paper" auf Zigarettenblättchen, „autumn mist" auf Marihuanarauch, und das Land „Honalee" auf das hawaiianische Dorf Hanalei, das für seine gehaltvollen Marihuana-

pflanzen berüchtigt ist. Diese Unterstellungen wurden jedoch von allen an der Entstehung dieses Liedes Beteiligten entschieden zurückgewiesen.

Leonard Lipton, der Autor des 1959 erschienenen Gedichts, auf dem der Song basiert, führte aus, von Ogden Nashs Gedicht *The Tale of Custard the Dragon* zu seinen Versen inspiriert worden zu sein und dass selbige vom Übergang von der Kindheit zum Erwachsensein handeln würden. Und Peter Yarrow, der Co-Autor des Liedes ergänzte: „Als ‚Puff‘ geschrieben wurde, war ich noch zu unschuldig, um etwas über Drogen zu wissen ... Und überhaupt: Welcher elende Scheißkerl würde denn ein Kinderlied mit einer versteckten Drogenbotschaft schreiben?"

In der Tat! Oder höre ich da gerade jemanden eine abfällige Bemerkung über Peter, Paul und Marys zweiten Hit *Blowin' in the Wind* machen ...?

„Auf dem Grabstein von W.C. Fields steht geschrieben ‚Ich wäre lieber in Philadelphia‘!"

ES WIRD IMMER wieder behauptet, dass der Grabstein des US-amerikanischen Schauspielers und Drehbuchautors W.C. Fields – der in Filmen wie *My Little Chickadee/Mein kleiner Gockel* (1940) und *Never Give a sucker an Even Brake/Gib keinem Trottel eine Chance* (1941) Hauptrollen spielte – die Inschrift „I'd rather be in Philadelphia" trägt. In Wirklichkeit heißt es auf der Messingplatte an seiner letzten Ruhestätte im Forest Lawn Memorial Park in Glendale, Los Angeles, Kalifornien, schlicht: „W.C. Fields 1880–1946".

Der Biograph James Curtis berichtet, dass die berühmte und oft falsch zitierte Grabinschrift „Hier liegt W.C. Fields. Ich würde lieber in Philadelphia leben" erstmals im Oktober 1924 in der Zeitschrift

Vanity Fair zu lesen war. Fields, der in seinen Filmkomödien gerne den nuschelnden Misanthropen gab, antwortete mit dieser witzigen Bemerkung auf die Frage eines Journalisten, welche Grabinschrift er sich wünschen würde.

„Frankenstein war ein Monster!"

DER 1818 ERSCHIENENE romantische Schauerroman *Frankenstein or The Modern Prometheus* (dt. *Victor Frankenstein oder Der moderne Prometheus*) der bei der Niederschrift erst 19-jährigen englischen Schriftstellerin Mary Shelley (1797–1851) ist nach der Hauptfigur Victor Frankenstein benannt, einem idealistischen Wissenschaftler, dem es gelingt, aus Leichenteilen ein monsterartiges Wesen zu schaffen und zum Leben zu erwecken. Der Roman erreichte ungeheure Popularität und verselbstständigte sich zum Mythos, wobei der Name Frankenstein auf das Monster [im Buch Unhold genannt] überging. Im Roman selbst rennt der ob seiner Schöpfung entsetzte Wissenschaftler zunächst davon und verweigert dem namenlos bleibenden Monster später die Bitte um Erschaffung einer künstlichen Gefährtin. Schließlich hetzt Frankenstein sein Geschöpf hasserfüllt bis in die Arktis, um es zu vernichten, wird aber selbst dessen Opfer.

Die richtige Bezeichnung für die im Kinofilm von 1931 von Boris Karloff verewigte Kreatur ist deshalb „Frankensteins Monster".

In Shelleys Roman ist Victor Frankenstein übrigens kein deutscher Arzt, sondern ein Schweizer Student der Naturwissenschaften.

2. KAPITEL

DINGE, DIE UNSERER GESUNDHEIT SCHADEN

„Das Kauen auf Bleistiften verursacht eine Bleivergiftung!"

IN EINER ÜBERREGIONALEN großformatigen Zeitung stieß ich auf eine Kolumne über einen „homöopathischen Wunderheiler", der behauptete, dass sich Prinzessin Diana einmal eine Bleivergiftung zugezogen habe, welche sich negativ auf ihre Körperhaltung ausgewirkt hätte. Die Prinzessin habe dem Heiler von einem Vorfall berichtet, bei dem ihr als Schulmädchen eine abgebrochene Bleistiftspitze ins Gesicht geschnellt war. Dem „homöopathischen Wunderheiler" sei es in der Folge gelungen, „das Gift herauszuziehen" und damit eine Verbesserung der Haltung von Prinzessin Di zu bewirken.

Das einzige Problem bei dieser wundersamen Heilung ist, dass eine Bleistiftmine „überhaupt nicht aus Blei besteht, sondern aus Graphit", wie in dem Buch *Brush with Death: A Social History of Lead Poisoning* von Christian Warren nachzulesen ist. Die unzutreffende Bezeichnung „Bleistift" geht auf das Mittelalter zurück, als man das neu entdeckte Mineral „Graphit" als „deutsches Blei" bezeichnete. Blei ist und war in Bleistiften nie enthalten, weshalb man sich durch das Herumkauen auf Bleistiften auch keine Bleivergiftung zuziehen kann.

„Lesen bei schummrigem Licht und Fernsehen ohne ausreichenden Abstand schädigen das Augenlicht!"

ES WIRD ALLGEMEIN angenommen, dass eine „Überbeanspruchung" unserer Augen diese in irgendeiner Weise beeinträchtigt. Interessanterweise bestehen dagegen keine Befürchtungen, dass „zu viel

Zuhören", „zu viel Schmecken" oder „zu viel Berühren" die betroffenen Organe oder Gliedmaßen schädigen könnte.

Dr. Nicola Kim, Assistenz-Professorin für Augenheilkunde an der Universität für Medizinische Wissenschaften von Arkansas, erklärt, dass unsere Augen durch die normale tägliche Beanspruchung in der Regel nicht geschädigt werden: „Es gibt ein paar bestimmte Ausnahmen wie z.B., dass man nicht direkt in die Sonne oder in Laserlicht schauen soll, ansonsten aber beeinträchtigt das Lesen bei schummrigem oder grellem Licht die Gesundheit oder Funktion Ihrer Augen nicht. (...) Es mag Ihnen bei suboptimalem [nicht idealem] Licht schwieriger fallen, klar zu sehen, das hat aber keine bleibenden Auswirkungen auf die Struktur Ihrer Augen. Ebenso hat zu nahes oder zu weit entferntes Sitzen vor dem Fernseher keine dauerhaften Folgen für das Sehvermögen."

Auch der amerikanische Kinderarzt Dr. Spock bestätigt, dass den Augen von Kindern weder durch zu nahes Sitzen vor dem Fernseher noch durch „übermäßiges Lesen, Lesen bei schlechter Beleuchtung oder zu wenig Abstand zwischen Buch und Augen Schaden zugefügt wird".

Der renommierte Kinderarzt Dr. Robert Mendelsohn ergänzt in seinem Bestseller *Wie Ihr Kind gesund aufwachsen kann ... auch ohne Doktor!*: „Es gibt keinen wissenschaftlichen Beweis dafür, dass (...) Lesen in einem fahrenden Auto, (...) Blitzlicht und starkes künstliches Licht, (...) das Tragen der Brille einer anderen Person, (...) oder das Nichttragen der eigenen Brille den Augen Schaden zufügt."

„Das wiederholte Knacken der Fingerknöchel verursacht Arthritis!"

KANN DAS KNACKEN der Finger-
knöchel wirklich zu Arthritis führen?
Oder erzählen das die Mütter ihren
Kindern nur, damit diese Angst bekommen und mit dem Erzeugen des
lästigen Geräusches aufhören? Schon
im Jahr 1990 veröffentlichten J. Cas-
tellanos und D. Axelrod die Ergebnisse
ihrer Studie mit 74 Knöchelknackern
und 226 Nicht-Knöchelknackern im
Alter ab fünfundvierzig Jahren, wonach
es „weder in der einen noch in der anderen Gruppe eine zahlenmäßige Auffällig-
keit für Arthritis in der Hand gab".

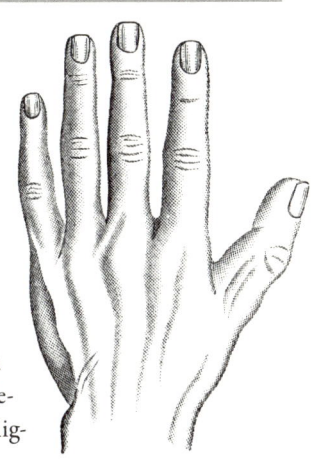

In *All About Bone* schreibt Dr. Irwin M. Siegel: „Das Knacken mit
den Fingerknöcheln ist bei einer ansonsten gesunden Hand nicht gefährlich und verursacht keine Arthritis (...) Einige Wissenschaftler
glauben, dass das knackende Geräusch dadurch erzeugt wird, dass ein
Band, eine Sehne oder eine Gelenkkapsel über eine knöcherne her-
vorstehende Stelle rutscht. (...) Andere führen das Knacken auf das
Platzen von Gasbläschen zurück, die freigesetzt werden, wenn das
Gelenk gedehnt wird und dabei der Druck auf die darin enthaltene
Gelenkflüssigkeit abnimmt."

Aufgrund der Ergebnisse einer 1995 durchgeführten und im *Journal of Manipulative & Physiological Therapeutics* veröffentlichten Studie warnte R. Brodeur jedoch, dass es beim Vorgang des Fingerknö-
chelknackens „schwierig wäre, entsprechende Kräfte im Gewebe zu
erzeugen, ohne muskuläre Schäden herbeizuführen". Während das
Knacken mit den Fingerknöcheln also nicht zu Knochenschäden in
der Hand oder zur Entstehung von Arthritis führt, könnte es länger-
fristig Schäden des Weichgewebes verursachen – was Sie vielleicht be-
denken sollten, wenn Sie erwägen, Ihrem überlasteten kleinen Finger
dieses befriedigende „Knack" zu entlocken.

„Pulverisiertes Glas ist ein wirkungsvolles Gift!"

PULVERISIERTES GLAS WAR angeblich die bevorzugte viktorianische Methode, um unliebsame Verwandte loszuwerden. Das einzige Problem dabei: Es funktioniert nicht.

Ich habe es selber nicht ausprobiert, aber ich weiß von einem Mann, der es getan hat: Der Arzt Sir Thomas Browne berichtet in seiner 1642 erschienenen Publikation *Pseudodoxia Epidemica*: „Dass Glas Gift ist, wie man allgemein annimmt, kann ich aus Erfahrung nicht bestätigen. Ich habe etwas davon als Pulver, geschickt mit Butter und Paste vermischt, an Hunde verfüttert, ohne eine erkennbare Störung zu beobachten."

Dr. D. P. Lyle, Autor der Bücher *Murder and Mayhem* und *Forensics for Dummies*, hält es für „unwahrscheinlich, dass sehr feines Glas dem Magen-Darm-Trakt tödliche Schäden zufügt. (...) Sogar bei gröberem Glas wäre die Blutung wahrscheinlich nicht massiv oder lebensgefährlich, sondern eher schwach und würde langsam zu Blutarmut und Erschöpfung führen."

Größere Glasscherben sind ein völlig anderes Kapitel, doch die meisten der potenziellen Opfer wären wohl nicht allzu versessen auf ein auch nur leicht grobkörniges Mittagessen – wenn Sie schon mal an einem windigen Tag am Strand ein Sandwich verspeist haben, wissen Sie, was ich meine.

„Stumpfe Messer und Scheren sind sicherer als scharfe!"

ES STIMMT NATÜRLICH, dass scharfe Scheren und Messer gefährlich sein können (besonders, wenn sie in falsche Hände geraten). Doch stumpfe können sogar noch mehr Schaden anrichten. Als begeisterte Handwerkerin wurde ich in meiner Jugend für das Arbeiten an meinen Projekten

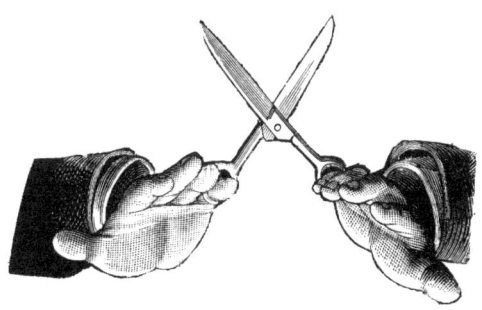

mit den stumpfsten Messern und Scheren ausgerüstet, die sich finden ließen – wahrscheinlich, um das Risiko schmerzhafter Unfälle zu vermindern. Trotz solcher Sicherheitsvorkehrungen habe ich mir bei mehreren Gelegenheiten fast einen Finger abgeschnitten, wenn ich versuchte, mit stumpfer Klinge Stoff oder Pappe zu schneiden.

In seinem *Outdoor Survival Handbook* erklärt der Überlebensexperte Raymond Mears, dass ein stumpfes Messer „mehr Kraftaufwand erfordert, damit es schneidet, und auf der zu durchschneidenden Oberfläche eher abrutscht, als in sie einzudringen, wie ein scharfes Messer".

Judy Walker von der Besteckfirma Cutco Cutlery bestätigt, dass „scharfe Messer sicherer sind, weil weniger Kraftaufwand erforderlich ist, um die Nahrung durchzuschneiden"; und obwohl es natürlich immer ratsam ist, Schnittverletzungen zu vermeiden, weist sie darauf hin, dass „wenn man sich tatsächlich einmal schneidet, es immerhin ein sauberer Schnitt ist."

„Das Sitzen auf heißen oder kalten Flächen verursacht Hämorriden!"

ICH FRAGE MICH wie „alte Weiber" auf die Idee kamen, das Sitzen auf feuchtem Gras könne Hämorriden verursachen. Einen nassen Hintern, ja – aber Hämorriden?

Der Irrglaube kam wahrscheinlich auf, weil man gemäß der *Family Encyclopaedia of Medicine and Health* „früher davon ausging, dass innere Hämorriden [auch: Hämorrhoiden] Krampfadern seien" und glaubte, ein Anstieg der Blutzirkulation (verursacht durch das Sitzen auf heißen Flächen) oder eine Abnahme der Zirkulation (verursacht durch das Verweilen auf kalten Flächen) würden diesen Zustand herbeiführen.

Tatsächlich sind Hämorriden eine sackartige, zuweilen knotenförmige Erweiterung der Venen im unteren Mastdarm- und Afterbereich, die durch Druckerhöhung im Bauchraum meist auf der Grundlage einer anlagebedingten Bindegewebsschwäche entsteht. Die beiden Hauptursachen für die Entstehung von Hämorriden, so Dr. Mark Porter, Moderator der Sendung *Case Notes* auf BBC Radio Four, „sind Verstopfung und Schwangerschaft". Die Behauptung, das Sitzen auf heißen oder kalten Flächen könne Hämorriden verursachen, bezeichnet der Arzt als „puren Blödsinn".

3. KAPITEL

BIBLISCHE GESCHICHTEN

„Eva reichte Adam einen Apfel!"

IN DER GENESIS 3,6 heißt es: „Da sah die Frau, dass es köstlich wäre, von dem Baum zu essen, dass er lieblich anzusehen sei und begehrenswert, weil er klug machte. Sie nahm von seinen Früchten und aß und gab auch ihrem Mann, der bei ihr war, und auch er aß." Welcherart die Früchte waren, wird nie erläutert – nicht an dieser Stelle und auch sonst nirgendwo in der Bibel.

In seinem Buch *Jüdische Welt verstehen. Sechshundert Fragen und Antworten* schreibt Rabbi Alfred J. Kolatch: „In der christlichen Überlieferung ist die verbotene Frucht im Garten Eden zwar ein Apfel (...), aber in der jüdischen Überlieferung ist es eine Feige, denn die Blätter, mit denen Adam und Eva ihre Nacktheit bedecken, stammen, wie im darauf folgenden Kapitel erwähnt, von einem Feigenbaum."

„Jona wurde von einem Wal verschluckt!"

IM BUCH JONA 2,1 lesen wir: „Und der Herr entbot einen großen Fisch, Jona zu verschlingen. Und Jona war drei Tage und drei Nächte in dem Bauche des Fisches."

Heute weiß jedes Schulkind, dass ein Wal ein Säugetier ist und kein Fisch. Und obwohl die meisten Wale enorme Ausmaße anneh-

men, haben sie in Wirklichkeit sehr kleine Rachen. Sogar Killerwale können deshalb nichts im Ganzen verschlingen, was größer ist als ein kleiner Seehund.

Vielleicht wurde Jona von einem wirklich großen Schellfisch verschluckt ...?

„Onanie ist ein biblischer Ausdruck für Masturbation!"

EINE DER WENIGER ersprießlichen Geschichten des Alten Testaments handelt von „Onans Sünde", die allgemein als die Sünde der Masturbation betrachtet wird, für die Onan mit dem Tode bestraft wurde. Die in Genesis 38 überlieferte Geschichte enthüllt jedoch eine Sünde der etwas anderen Art.

„Da sprach Juda zu Onan: Gehe zu dem Weibe deines [toten] Bruders, und vollziehe mit ihr die Schwagerpflicht, dass du deinem Bruder Nachkommen schaffest." Onan war von dieser Idee nicht begeistert, doch nach hebräischem Brauch wurde von einem Mann erwartet, dass er die Frau seines verstorbenen Bruders heiratete, wenn diese zum Zeitpunkt des Todes ihres Mannes noch kinderlos war. Der aus einer solchen Verbindung hervorgegangene erstgeborene Sohn wurde danach als rechtmäßiger Nachkomme des verstorbenen Mannes betrachtet.

In der Bibel heißt es weiter: „Da aber Onan wusste, dass die Kinder nicht als die seinen gelten sollten, ließ er, wenn er zum Weibe seines Bruders ging, seinen Samen auf die Erde fallen und so verderben, um seinem Bruder nicht Nachkommen zu verschaffen. Aber dem Herrn missfiel, was er tat, und er tötete auch ihn."

Onan praktiziere demnach beim Geschlechtsverkehr einen *Coitus Interruptus* oder „Rauszieher", um für den Nachlass seines toten Bru-

22

ders keinen Erben zu produzieren und somit absichtlich und entgegen der Anweisung seine neue Frau und frühere Schwägerin nicht zu schwängern.

Die „Sünde", die Onan mit seinem Leben bezahlte, war also keine Masturbation oder Selbstbefriedigung, sondern der absichtliche Versuch, mit hebräischem Brauchtum zu brechen, indem er „unfruchtbaren"/empfängnisverhütenden Verkehr vollzog.

„Delila hat Simson die Haare abgeschnitten!"

DIE AKTIVITÄTEN DER berüchtigten biblischen Verführerin Delila, waren sicher ein Schlüsselfaktor, der zum Verlust von Simsons Stärke führte. Aber hat sie ihm tatsächlich eigenhändig die Haare abgeschnitten?

Im Buch der Richter 16,19 heißt es dazu: „Sie aber ließ ihn auf ihrem Schoß einschlafen; dann rief sie einen Mann, der ihm die sieben Locken seines Hauptes scherte, und er begann schwach zu werden, und seine Kraft wich von ihm."

Demnach hat Delila Simson die Haare nicht selber abgeschnitten, sondern einen Mann damit beauftragt, dies für sie zu tun.

„In der Bibel sagt Jesus: ‚Geben ist seliger als nehmen'!"

IN DER APOSTELGESCHICHTE 20,35 sagt Paulus: „Denkt an das Wort des Herrn Jesus, der selbst gesagt hat: Geben ist seliger als Nehmen."

So ehrenwert diese Ansicht auch ist und so zweifelsfrei sie Jesus auch geteilt hätte: In der Bibel sagt Jesus diesen Satz nie.

4. KAPITEL

VÖGEL UND INSEKTEN

**„Zugvögel fliegen über den Winter nach Süden,
um der Kältezu entfliehen!"**

DASS ZUGVÖGEL ERFRIEREN müssten, wenn sie während der Wintermonate in nördlichen Gefilden bleiben würden, stimmt nicht. Der Ornithologe Paul Kerlinger schreibt in seinem Buch *How Birds Migrate*, dass „viele Arten niedrige Temperaturen ertragen können, wenn reichlich Nahrung vorhanden ist. Ist dies nicht der Fall, müssen sie fortziehen."

Gemäß dem Umweltschützer Alon Tal sorgen die Federn der Vögel „für ausreichend Wärme, um ihre hohe Körpertemperatur beizubehalten und den Winter zu überleben". Fällt die Außentemperatur jedoch unter 10° Celsius, sind Insekten – die Hauptnahrungsquelle der Vögel – kaum noch aktiv, und der gefrorene Boden erschwert es den Vögeln, nach ihrer gewohnten Nahrung zu suchen. Tal ist deshalb der Meinung, dass Zugvögel nicht wegen der hiesigen Kälte in den Süden ziehen, sondern um Nahrung zu finden.

„Das Quaken der Enten hat kein Echo!"

DIESER MODERNE MYTHOS, der sogar von seriösen Fernsehsendern wie der BBC verbreitet wurde und immer mal wieder auf „Wussten-Sie-schon?"-Seiten im Internet auftaucht, ist ein gutes Beispiel für das Beharrungsvermögen von eingebildeten Phänomenen. Im Jahr 2003 setzte

Professor Trevor Cox die Ente Daisy in einen Echo-Raum, um zu beweisen, dass das Quaken von Enten sehr wohl widerhallt. Mit einem MP3-Player kann man sich Daisys Quakecho anhören: www.acoustic.salford.ac.uk/acoustics_world/duck/duck.htm

Gemäß Cox zeigt das Quaken einer Ente allerdings einen „leichten Abfall", wodurch ihr Echo sehr schnell verklingt und schwer wahrnehmbar wird.

„Motten fressen Kleidung. Mit Mottenkugeln wehrt man sie ab!"

JEDES MAL, WENN ich in meinem Schlafzimmer eine Motte herumflattern sah, brach ich in Panik aus, weil ich befürchtete, dass sie sich in den Schränken durch meine Wollsachen futtern werde, sobald ich ihr den Rücken zukehrte. Doch dann erfuhr ich, dass jene Mottenart, die Kleidung frisst, nur selten umherfliegt. In ihrem Buch *Home, Safe Home* schreibt Debra Lynn Dadd außerdem, dass es „die Larve dieser Motten ist, welche Stoff frisst, und nicht die Motte selbst."

Auch wenn Sie also eine einzelne *tineola bisselliella* – eine dünne, kleine, silbrig glänzende Fliege – entdecken, die hinten in Ihren Schränken herumkrabbelt, so ist diese harmlos, solange sie dort keinen Partner findet und sich nicht verpuppt.

Früher waren Mottenkugeln ein weitverbreitetes Mittel, um Motten daran zu hindern, sich in Schränken niederzulassen und Eier in die Kleidung zu legen. Heute wissen wir, dass Mottenkugeln (Naphthalin und Dichlorbenzol) nicht nur Motten vergiften, sondern auch für Babys gefährlich werden können. In ihrem Buch *Why Can't My Child Behave?* warnt die Autorin Jane Hersey: „Plötzlicher Kindstod trat auf, nachdem die Babys Bettwäsche und Kleidung ausgesetzt waren, die im Schrank mit Mottenkugeln aufbewahrt worden waren."

Anstelle von Mottenkugeln empfiehlt Debra Lynn Dadd Insektenschutzmittel auf Kräuterbasis: „Lavendel, Rosmarin, Minze und Pfefferkorn vertreiben Motten, doch das klassische Insektenschutzmittel bleibt die Zeder."

„Wenn Gefahr droht, steckt der Vogel Strauß seinen Kopf in den Sand!"

JAHRHUNDERTELANG WURDE DER Strauß als Dummkopf verspottet, der sich weigert, eine drohende Gefahr zur Kenntnis zu nehmen. Ein Naturhistoriker des Altertums, Plinius der Ältere, trat diese Verleumdungskampagne im ersten Jahrhundert unserer Zeitrechnung los, als er behauptete: „Diese Tiere sind die dümmsten Dummköpfe von allen." Allerdings hat er nicht, wie oft kolportiert, behauptet, Strauße würden ihren Kopf in den Sand stecken. Das wäre auch Unsinn, denn sie würden schlicht ersticken. Was Plinius tatsächlich berichtete, war: „Sie stecken ihren Kopf und Hals in einen Strauch oder Busch, um sich zu verstecken und glauben dann, dass sie in Sicherheit sind und keiner sie sieht."

Rob Nixon hat die Vögel in freier Wildbahn beobachtet. In seinem Buch *Dreambirds* beschreibt er, was wirklich geschieht: „Wenn Gefahr im Verzug war, saß die Straußenhenne regungslos da und legte ihren endlosen Hals auf die Erde. (...) Ein flach auf dem Boden liegender Strauß verschmilzt leicht mit trockenen Karoo-Büschen, die die meiste Zeit des Jahres gräulichen, aus trockenen Stöcken bestehenden Hügeln gleichen."

Strauße weigern sich also nicht, dem Unausweichlichen ins Auge zu blicken, sondern tarnen sich als Busch.

„Eulen können ihren Kopf um 360 Grad drehen!"

VOR DER ERFINDUNG der TV-Quizsendung und der Computerspiele haben sich die Leute ihre Unterhaltung selber ausgedacht und sich zum Beispiel erzählt, dass, wenn man eine im Baum sitzende Eule umkreise, einem der Vogel, ohne den Körper zu bewegen, mit dem Kopf so lange rundherum folge, bis er sich den eigenen Hals umdrehe.

Nun stimmt es zwar, dass Eulen die Augen in ihren Augenhöhlen nicht bewegen können und deshalb ihren Kopf bewegen müssen. Sie können ihn jedoch nicht ganz um die eigene Achse drehen, wie das Meryl Streep – der Hollywood-Tricktechnik sei Dank – im Film *Death Becomes Her/Der Tod steht ihr gut* (1992) so effektvoll praktiziert.

Der kanadische Ornithologe mit dem passenden Namen David Bird erklärt in *The Bird Almanac*, dass Eulen „über ein System gut entwickelter Halswirbel- und Nackenmuskeln verfügen", das ihnen beim Drehen des Kopfes eine beträchtliche Beweglichkeit erlaubt: Sie sind in der Lage, ihren Kopf um maximal 270 Grad zu drehen.

„Die Gottesanbeterin frisst ihre Partner nach der Paarung auf!"

DIE LEGENDE VON der feministischen Heldentat der Gottesanbeterin geht auf eine 1935 veröffentlichte Studie des Physiologen Kenneth Roeder zurück, aus der sich schließen ließ, dass der Kopf des Männchens vom Weibchen abgebissen werden *musste*, damit Sperma freigesetzt wurde. Der Paarungsprozess schien dadurch offensichtlich nicht behindert zu werden, weil das Fortpflanzungssystem des Männchens nicht durch den Kopf kontrolliert wird. [Ein universelles Phänomen?]

In ihrem Buch *Buzzwords* führt die Entomologin May R. Berenbaum „die Unterstellung, dass unter Gottesanbeterinnen sexueller Kannibalismus erforderlich ist", zwar auf Roeders Studie zurück, weiß aber zu berichten, dass Roeder selbst „nicht so weit ging zu unter-

stellen, die Enthauptung sei eine bio-
logische Notwendigkeit. Er war der
Erste der zugab, dass seine Beobach-
tungsbedingungen – gelinde ausgedrückt – künstlich waren."

In seinem 2001 erschienenen Buch *Liaisons of Life*
schreibt der Biologe Tom Wakeford, dass methodologische Studien
das kannibalistische Verhalten der Gottesanbeterinnen nicht als ty-
pisch für die Spezies einstufen. Diese Art des Kannibalismus werde
unter Laborbedingungen „durch den extremen Stress herbeigeführt,
der dort oft entsteht": Man befindet sich an einem unbekannten Ort,
die Fressalien sehen nicht gerade ansprechend aus, und dann springt
noch irgend so ein Typ auf einen drauf – würden Menschenweibchen
anders reagieren, wenn sie dieselben kannibalistischen Fähigkeiten
hätten ...?

Michele Doughty führte ihr Paarungsexperiment mit Gottesan-
beterinnen am Bryn Mawr College unter weniger stressigen Bedin-
gungen durch. Ihre 2002 veröffentlichte Arbeit *The Female Praying
Mantis: Sexual Predator or Misunderstood?* ergab, dass „bei dreißig
Paarungen nicht ein einziger Fall von Kannibalismus vorkam. (...)
Stattdessen wurde ein raffiniertes Werbeverhalten bei Männchen
und Weibchen beobachtet, bei dem sich beide gegenseitig mit ihren
Fühlern streichelten, bevor es zur Paarung kam. Das war ein hübsches
Schauspiel."

Kuscheln statt Kannibalismus?

„Jeder Mensch verschluckt im Jahr durchschnittlich acht Spinnen im Schlaf!"

DIESE GRUSELIGE STADTLEGENDE hat zweifellos schon viele
Arachnophoben um den Schlaf gebracht. Rod Crawford, Kurator für
Spinnentiere am Burke Museum in Seattle, gibt Entwarnung: „Damit
eine schlafende Person auch nur eine einzige lebendige Spinne verschluckt, müssten so viele höchst unwahrscheinliche Umstände ein-
treten, dass man diese Möglichkeit in der Praxis ausschließen kann ...

In der wissenschaftlichen oder medizinischen Literatur ist von einem solchen Fall nirgends die Rede."

Es mag für Menschen mit einer Spinnenphobie beruhigend sein, von Crawford zu erfahren, dass sich während der siebzehn Monate, in denen seine *Spider Myth Website* online war, keine einzige Person gemeldet hat, deren Mund von einer Spinne heimgesucht worden wäre.

Tatsächlich wurde das Gruselmärchen, dass Menschen im Schlaf Spinnen verschlucken, schon in dem 1954 erschienenen Buch *Insect Fact and Folklore* von Lucy Wilhelmine Clausen widerlegt.

Wie also kommt es, dass das Märchen von den verschluckten Spinnen im einundzwanzigsten Jahrhundert so erfolgreich wiederaufleben konnte? Die amerikanische Computerzeitschrift *PC Professional* veröffentlichte eine Kolumne von Lisa Holst, worin sich diese unter dem Titel „Lesen heißt glauben" über die vielen Verzeichnisse falscher „Tatsachen" im Internet beklagte. Um ihren Standpunkt zu veranschaulichen, erfand sie ihr eigenes „Verzeichnis der Unwahrheiten", das u.a. den in Clausens Buch beschriebenen Irrtum enthielt, dass jeder Mensch im Jahr durchschnittlich acht Spinnen im Schlaf verschlucke.

Vermutlich hat diese Vorstellung bei vielen Lesern eine so starke Reaktion hervorgerufen, dass die gezielte Unwahrheit durch schnelle Multiplikation über die ganze Welt verbreitet wurde – was den Standpunkt der Kolumnistin über die Verbreitung falscher Tatsachenbehauptungen im Internet aufs Schönste bestätigt.

„Es ist wissenschaftlich erwiesen, dass Hummeln nach den Gesetzen der Aerodynamik nicht fliegen können!"

NATÜRLICH KÖNNEN HUMMELN fliegen, und sie tun es auch. Und zwar nicht, weil sie ein aerodynamisches Wunder vollbringen, sondern weil sich ein Mensch verrechnet hat, als er das Ammenmärchen von der Flugunfähigkeit der Hummel in die Welt setzte. Die

Behauptung geht ursprünglich auf eine vom französischen Mathematiker André Sainte-Laguë 1934 angestellte Berechnung zurück, die der französische Entomologe Antoine Magnan in seinem Buch *Le Vol des Insectes* unkritisch aufgriff und daraus ableitete, die schiere Größe und Form der einfachen Hummel stehe ihrer Fähigkeit zu fliegen entgegen: „Indem ich die mir aus der Luftfahrt bekannten Gesetze des Luftwiderstandes auf Insekten anwandte, kam ich zum selben Schluss wie Monsieur Sainte-Laguë: dass sie unmöglich fliegen können."

Es stellte sich jedoch heraus, dass Sainte-Laguës Berechnungen nur auf feststehende Flügel, beispielsweise auf Flugzeugflügel, anwendbar sind. Bienen und Hummeln dagegen, die eher Helikoptern ähneln [oder umgekehrt!], schlagen mit den Flügeln, und diese schnelle Bewegung ermöglicht ihnen das Fliegen, unabhängig von ihrem Körperbau.

> „Findet man ein Vogelbaby und legt es in sein Nest zurück, riecht es nach ‚Mensch' und wird deshalb von seiner Mutter verstoßen!"

ES GILT, EIN altes Missverständnis aus dem Weg zu räumen: Das Berühren eines Vogelbabys führt *NICHT* dazu, dass es von seinen Eltern nicht mehr angenommen wird. Der Ökologe David Mizejewski schreibt dazu in seinem Buch *Attracting Birds, Butterflies, and Other Backyard Wildlife*: „Die Vogeleltern werden ihr Kind nicht wegen menschlichem Geruch ablehnen. (...) Die meisten Vögel haben einen unzureichenden Geruchssinn und würden den Geruch eines Menschen gar nicht wahrnehmen."

Nach Meinung der Biologin Marlene Zuk ist der Geruchssinn bei Vögeln dermaßen unterentwickelt, dass Vogeleltern in den meisten Fällen sogar einen fremden Nestling weiterfüttern würden, wenn sie ihn irrtümlich für einer der ihren hielten."

Findet man einen jungen Vogel allein auf dem Boden, so sollte man laut einer Empfehlung der Royal Society for the Protection of Birds

(RSPB) nicht automatisch davon ausgehen, dass er verlassen wurde: „Es ist wirklich das Beste, nichts zu unternehmen. Die Eltern halten sich in der Nähe auf und werden den Vogel füttern kommen, wenn sie sich sicher fühlen." Befindet sich der junge Vogel allerdings in einer prekären Lage,

so die RSPB, „schadet es nicht, ihn in Sicherheit zu bringen, jedoch nicht zu weit weg, weil die Eltern ihn sonst nicht finden werden."

„Einige Spinnen sind tödlich!"

ARACHNOPHOBIE, DIE ANGST vor Spinnen, ist weit verbreitet. Aber auch wenn Spinnen gefährlich aussehen können, so sind sie im Allgemeinen doch recht harmlos. Der Spinnenexperte Rainer F. Foelix schreibt in seinem Buch *Biologie der Spinnen*, dass „statistisch gesehen Spinnenbisse für den Menschen weitaus ungefährlicher sind als die giftigen Stachel von Bienen, Wespen und Hornissen", was darauf zurückzuführen ist, dass das Gift einer Spinne hauptsächlich zum Lähmen ihrer Beute dient.

Auch die gefürchtete Tarantel ist trotz ihrer Größe viel ungefährlicher, als allgemein angenommen wird. Laut Foelix hat „sich die alte Furcht vor ihrem giftigen Biss als ziemlich falsch herausgestellt". Sein Kollege Rod Crawford doppelt nach: „Mir ist keine Art irgendwo auf der Erde bekannt, die in zehn Prozent der Fälle in der Lage wäre, Menschen zu töten, sogar dann nicht, wenn der Biss unbehandelt bleibt. (...) Erhält die gebissene Person medizinische Hilfe, ist der Tod durch einen echten Spinnenbiss eine ausgesprochene Rarität, weltweit."

Giftige Spinnen, so Crawford, gibt es „nur im Kino".

5. KAPITEL

ANSICHTEN, SITTEN UND GEBRÄUCHE

„Die Arier waren eine alte Rasse großer, blauäugiger Blonder!"

NACH EDWIN BRYANT, Schriftsteller und Dozent für Indologie, war es der deutsche Orientalist Ludwig Wilhelm Geiger, der die Indo-Europäer im Jahr 1878 erstmals als „blonde, blauäugige Menschen" beschrieb. In *The Quest for the Origins of Vedic Culture* erklärt Bryant, wie Geiger darauf kam, dass „diese Eigenschaften abgeschwächt wurden und in dunklerer Form auftraten, wo fremde Gene hinzukamen: ‚Die indo-germanische Rasse bleibt überall dort unverfälscht, wo die reinen blonden Eigenschaften am besten erhalten bleiben.'"

Geigers Vorstellungen wurden später von den Nationalsozialisten aufgegriffen und propagiert. In einer 1929 erschienenen Nazi-Propagandabroschüre werden Arier als „groß, langbeinig, schlank" beschrieben. „Die Haut ist hell und rosig und die Adern schimmern hindurch; (...) das Haar ist weich, glatt oder gewellt; die Farbe ist blond."

Bei der ursprünglichen arischen Rasse handelt es sich jedoch um ein Volk, das eine indo-europäische Sprache sprach und sich in prähistorischer Zeit, im zweiten Jahrtausend vor der christlichen Zeitrechnung, im Iran und in Nordindien ansiedelte. Auf dem Grabmal von König Darius I. (521–485 vor unserer Zeitrechnung) in Naqsh-i Rustam nahe Persepolis, findet sich der Beweis. Dort heißt es: „Ich bin Darius ... ein persischer [heute: iranischer] Sohn eines Persers, eines Ariers, von arischem Geschlecht."

„Das Prinzip ‚Auge um Auge' rechtfertigt persönliche Rache!"

IM BABYLONISCHEN, BIBLISCHEN, römischen und islamischen Recht galt das Prinzip „Auge um Auge" bei Schlichtungen im privaten und familiären Kreis. Es sollte Vergeltung einschränken und wurde oft durch eine Geldzahlung oder Ähnliches erfüllt.

Donald A. Hagner schreibt in seinem Bibelkommentar *Matthäus 1–13*, dass „die *lex talionis* [Auge um Auge] mehr als eine Methode dargestellt wird, den Grad persönlicher Vergeltung einzuschränken, die man jemandem gegenüber üben könnte, als eine positive Lehre darüber, was eine Person tun muss oder sollte."

Auch Mark Ashton vertritt in *Hot Issues* die Meinung, dass „im Gesetz Moses der ‚Auge um Auge'-Befehl (...) als Obergrenze für die Höhe des Schadensersatzes diente, die eine Person, der Unrecht geschehen war, einklagen konnte."

Demnach wurde das antike Recht der *lex talionis* geschaffen, damit die Strafe der Tat entsprach und ein Opfer für ein geringfügiges Vergehen nicht den Tod des Täters verlangen konnte.

„Vor Kolumbus glaubte man, die Erde sei eine Scheibe!"

DIE LEGENDE BESAGT, Kolumbus habe die skeptische Geistlichkeit des späten fünfzehnten Jahrhunderts in großes Erstaunen versetzt, als er von seinen Entdeckungsreisen zurückkehrte und verkündete, die Erde sei rund. Tatsache ist, dass die Geistlichkeit das bereits wusste. Wie der Geologe Cesare Emiliani in *Planet Earth* schreibt, behauptete Pythagoras bereits im Jahr 500 vor unserer Zeitrechnung, dass die Erde kugelförmig sei. Plinius der Ältere, ein Naturhistoriker des ersten Jahrhunderts, notierte in seiner *Historia naturalis* über „die Form der Erde", man sei sich „allgemein darüber einig, dass die Erde ein runder Ball ist, (...) ein zwischen zwei Polen eingeschlossener Globus."

Und John of Holywood (alias Johannes de Sacrobosco), englischer Mathematiker und Astronom des dreizehnten Jahrhunderts, schrieb in seinem Werk *De shaera mundi*, die Erde „müsse in verschiedener Hinsicht kugelförmig sein".

„In Japan benutzen die Mitglieder einer Großfamilie alle dasselbe Badewasser!"

AM JAPANISCHEN BRAUCH der gemeinsamen Badewasserbenutzung ist nichts Unhygienisches, wie man spätestens nach der Lektüre von Leonard Korens How to Take a Japanese Bath weiß: „Das Reinigen des Körpers von Schmutz erfolgt immer außerhalb der Badewanne. Erst wenn der Körper sauber ist, lässt sich der Badende im Wasser nieder."

In ihrem Buch *The Art of the Bath* beschreibt Sara Slavin die traditionelle Art „wie japanische Badende ‚duschen', bevor sie baden, damit sie das Badewasser nicht mit Seife und Schmutz verunreinigen", was in etwa unserem westlichen Reinigungsritual vor der Benutzung eines gemeinschaftlichen Whirlpools oder Dampfbades entspricht.

Da eine japanische Badewanne hauptsächlich zum Einweichen des Körpers benutzt werde, so Azby Brown in *The Japanese Dream House*, „kann das Wasser ohne weiteres von mehreren Badenden und sogar an mehreren aufeinander folgenden Tagen benutzt werden".

Während Abendländler baden, um sich zu reinigen, reinigen sich Japaner, um zu baden.

„Ostern ist nach einer heidnischen Göttin benannt!"

BEDE, CHRONIST DES achtzehnten Jahrhunderts, behauptete in seiner Schrift *De Ratione Temporum*, das Wort „Ostern" sei von der angelsächsischen Göttin des Frühlings und der Fruchtbarkeit, Eostre oder Eostrae, abgeleitet. Die *Encyclopaedia Britannica* widerspricht: „Angesichts der Entschlossenheit, mit der die Christen sämtliche Formen des Heidentums bekämpften, scheint das eine ziemlich zweifelhafte Vermutung zu sein." Wahrscheinlicher ist, dass das Wort von der christlichen Bezeichnung der Osterwoche als *in albis* abstammt.

Wenn Sie hier keinen Zusammenhang erkennen können, hängt das mit einer falschen Übersetzung zusammen. Dazu der deutsche Gelehrte J. Knoblech: „Unter den lateinisch sprechenden Christen war die mit dem Fest der Auferstehung beginnende Woche als *hebdomada alba* [weiße Woche] bekannt, weil die frisch getauften Christen in dieser Woche ihre weißen Taufgewänder trugen. Manchmal wurde die Woche auch nur als *albae* [weiß] bezeichnet."

Knoblech zufolge wurde das Wort bei der Übersetzung ins Deutsche mit dem Plural von *alba* verwechselt, was „Dämmerung" bedeutet, und so geriet der Zusammenhand mit „weiß" in Vergessenheit: „Sie übersetzten es dementsprechend mit *Eostarum*, dem althochdeutschen Wort für ‚Dämmerung'."

Auf *Eostarum* also und nicht auf *Eostrae* ist das englische Wort „Easter" bzw. das deutsche „Ostern" zurückzuführen.

„Priester lebten schon immer zölibatär!"

IM *OXFORD COMPANION to British History* schreibt John Ashton Cannon, dass „das kirchliche Zölibat schon seit frühester christlicher Zeit mit biblischen Autoritäten gehadert hat." Und in seiner Abhandlung *The Western Church in the Middle Ages* über die Geschichte der kirchlichen Entwicklung führt John A. F. Thomson aus, dass das Zölibat im elften Jahrhundert zur Regel wurde, als „Alfred Lanfranc of Canterbury (...) im Konzil von Winchester 1076 (...) festlegte, dass es Priestern in Zukunft verboten sei, zu heiraten". Von Priesern, die bereits verheiratet waren, „wurde nicht verlangt, sich von ihren Ehefrauen zu trennen".

Offiziell eingeführt wurde das Zölibat erst im zwölften Jahrhundert, wie Robert A. Burns in seinem Buch *Roman Catholicism After Vatican II* berichtet: „Durch zwei Kirchenkonzile, Lateran I von 1123 und Lateran II von 1139, wurde das Zölibat von Geistlichen zum allgemeinen Gesetz erklärt, das bis heute Gültigkeit hat."

„Heiden sind Teufelsanbeter!"

GEMÄSS DEM LEXIKOGRAPHEN John Ayto bezeichnete das Wort „Heide" ursprünglich „etwas, das im Boden steckte, zum Beispiel einen Grenzstein" und erhielt später die Bedeutung „Dorfbewohner". Sicher ist, dass es keine Verbindung zu Satan oder Teufel gibt.

Prudence Jones und Nigel Pennick weisen in ihrem Werk *Heidnisches Europa* darauf hin, dass „die Vorstellung eines Teufels als eines Umstürzlers der einzigen Wahrheit im Heidentum nicht vorkommt". Und in der *Encyclopaedia Britannica* heißt es: „Moderne Hexenkunst und Neuheidentum sollten nicht mit Satanismus verwechselt werden. (...) Diese Gruppen verehren nicht Satan, sondern vorchristliche Götter."

Auch Laurie Cabot, die „Hohe Priesterin der Hexenkunst", unterstreicht in ihrem 1994 erschienenen Buch *Celebrate the Earth,* dass „es in unserer Religion keinen Teufel oder Satan gibt".

Satan ist ein jüdisch-christlicher und islamischer Begriff, der keine Verbindung zu älteren heidnischen Bräuchen hat.

„Limbus ist das Wartezimmer zum Himmel!"

DAS WORT „LIMBUS" kommt in der Bibel nicht vor. Es ist teutonischen Ursprungs und bedeutet „Umgrenzung". Die *Encyclopaedia Britannica* definiert es als „Grenzgebiet zwischen Himmel und Hölle, in dem sich diejenigen Seelen aufhalten, die zwar nicht zu einer Strafe verurteilt sind, aber denen die Freude des ewigen Daseins mit Gott im Himmel vorenthalten wird". Der Begriff ist wahrscheinlich im europäischen Mittelalter entstanden.

Pfarrer Peter M. J. Stravinskas sagt: „Nach Ansicht einiger Theologen ist Limbus der Zustand oder Ort, der denjenigen Toten vorbehalten bleibt, die weder die himmlische Vision noch ewige Strafe verdienen, doch offizielle Lehren haben diese Ansicht nie befürwortet."

Dem *Essential Catholic Handbook* entnehmen wir, dass „nach einer weitverbreiteten theologischen Ansicht Kinder, die vor ihrem Tod nicht getauft worden sind, vom Himmel ausgeschlossen werden, das ewige Leben aber in einem Zustand natürlicher Fröhlichkeit verbringen, der Limbus genannt wird. Diese theologische Erklärung wurde von der Kirche jedoch nie ausdrücklich gelehrt."

Der Limbus wird gelegentlich auch mit dem Fegefeuer verwechselt, wo die Seelen jener Sünder, die mit Gottes Gnade gestorben sind, jedoch nicht gesühnt haben, vor dem Eintritt in den Himmel gereinigt werden.

„Päpste sind unfehlbar!"

DIE UNFEHLBARKEIT DES Pontifex maximus hat in der Geschichte des Papsttums keine jahrhundertelange Tradition: In *Lives of the Popes* berichtet Richard McBrien, dass „es Pius IX. war (...), der das Erste Vatikanische Konzil (1869–70) einberief, welches die Unfehlbarkeit des Papstes festlegte." Dieses Dogma von der päpstlichen Unfehlbarkeit besagt, dass die Erklärung eines Papstes, die dieser in seiner offiziellen Eigenschaft als Oberhaupt der Kirche zu Fragen des Glaubens und der Sitte abgibt und die entweder wiederholt, was bereits durch die Kirche gelehrt wird, oder in Form einer feierlichen Definition *ex cathedra* eine neue Erkenntnis formuliert (die nie dem widersprechen kann, was früher gelehrt wurde), als endgültig und wahr gilt und nicht korrigiert werden kann.

6. KAPITEL

TRINKEN, GETRÄNKE

„Kaltes Bier an heißen Tagen stillt den Durst!"

AN HEISSEN TAGEN werden die hohen Temperaturen gerne zum Anlass genommen, möglichst viel kaltes Bier in sich hineinzuschütten. Professor Eric Klinenberg hält das für keine gute Idee. In seinem Buch *Heat Wave* warnt er: „Das Trinken von Alkohol ist an heißen Sommertagen besonders gefährlich, da es zur Dehydration beiträgt."

Dr. Robert H. Shmerling behauptet, dass der Durst durch das Trinken von kaltem Bier sogar noch verstärkt wird. Er begründet das damit, dass die Nieren Wasser trotz der Flüssigkeitszufuhr in Form von Bier nicht so gut behalten könnten wie vor dem Trinken des Bieres. Der Alkohol hemme die Freisetzung von ADH [antidiuretisches Hormon] durch das Gehirn, was dazu führe, dass die Nieren nach mehr Wasser verlangen als normalerweise üblich. Auch Dr. Shmerling rät deshalb davon ab, an heißen Tagen Bier zu trinken, weil die Gefahr bestehe, dass die Dehydration schlechter statt besser werde.

„Die meisten Verkehrsunfälle werden von betrunkenen Autofahrern verursacht!"

DASS ALKOHOL ENTHEMMT und zu gefährlichem Fahrverhalten führt, ist Fakt. In Großbritannien haben Untersuchungen ergeben, dass „im Jahr 2002 sieben Prozent aller Verkehrsunfälle und fünfzehn Prozent aller Todesfälle von Menschen verursacht wurden, die

die gesetzlich zulässige Promillegrenze beim Autofahren überschritten hatten", so die Verkehrssicherheitskampagne THINK!

Nun verweist die National Youth Agency allerdings darauf, dass ein noch größerer Prozentsatz, nämlich „zwanzig Prozent aller schweren Verkehrsunfälle durch Müdigkeit verursacht werden". Und der englische Automobilclub RAC zitiert Untersuchungen, wonach „zehn Prozent aller Verkehrsopfer und zwanzig Prozent aller Autobahnunfälle darauf zurückzuführen sind, dass die Fahrer während der Fahrt einnicken."

Auch THINK! geht davon aus, dass „zwanzig Prozent der Unfälle bei langen Reisen auf Fernstraßen und Autobahnen dadurch verursacht werden, dass die Fahrer am Lenkrad einschlafen". Die Royal Society for the Prevention of Accidents schließlich schreibt, dass „fünfundzwanzig Prozent aller Unfälle mit Todesfolge oder schweren Verletzungen auf Einschlafen am Steuer zurückzuführen sind".

Müdigkeit verursacht mehr Unfälle als Alkohol am Steuer.

„Kaffee macht Betrunkene nüchtern!"

DIE GESUNDHEITSORGANISATION BUPA warnt, dass „der Körper Alkohol nur in einem festgesetzten Tempo abbauen kann, nämlich ungefähr eine Einheit (acht Gramm) pro Stunde". In einem halben Liter Bier befinden sich ungefähr zwei Einheiten. Trinkt man also fünf halbe Liter, braucht der Körper zehn Stunden, bis der Blutalkoholspiegel wieder auf null gesunken ist.

Der britische Surrey Alcohol and Drug Advisory Service betont, dass „Zeit für die Leber der einzige Faktor ist, um den Alkohol aus dem Körper zu entfernen". Kaffee kann den Prozess des Ausnüchterns nicht beschleunigen, sowenig wie irgend etwas anderes: „Kaffee weckt nur auf und macht aus einem verschlafenen Betrunkenen einen hellwachen Betrunkenen."

Im gleichen Sinne bringt eine kalte Dusche einen nassen Betrunkenen hervor und ein Lauf um den Block einen müden Betrunkenen.

„Ein Mix aus Coca-Cola und Aspirin macht ‚high!'"

IN SEINEM BUCH *Secret Formula* verfolgt der Autor Frederick L. Allen diesen Mythos bis in die frühen dreißiger Jahre des 20. Jahrhunderts zurück, als ein Doktor aus Illinois an das *Journal of the American Medical Association* schrieb und vor einer neuen Modeerscheinung unter Teenagern warnte, die „Aspirin in Coca-Cola auflösten, um ein ‚berauschendes' Getränk mit süchtig machenden Eigenschaften zu kreieren", das genauso schlimm sei wie die „Gewöhnung an Betäubungsmittel".

Es gibt bis heute keine bessere Form der Propaganda, als Teenagern zu sagen, was sie *nicht* tun sollen. Nicht einmal die Tatsache, dass die Mixtur nicht wirkt, scheint sie über die ganzen Jahre davon abgehalten zu haben, Aspirin in Cola aufzulösen.

Laut Dr. Mark Porter, Moderator der Sendung *Case Notes* auf BBC Radio Four, bewirkt der Mix aus Aspirin und Coca-Cola keinen Rausch, sondern eher eine Magenverstimmung. Dem stimmt der Pharmakologe Joe Graedon in seinem *Aspirin Handbook* zu: „Es ist völlig unmöglich, von Aspirin und Cola high zu werden."

„Bernhardinerhunde trugen Schnapsfässchen um den Hals!"

WOFÜR IST DER Bernhardiner berühmt? Natürlich für das mit Schnaps gefüllte Fässchen, das er um den Hals trägt. Die Hundezüchter George und Maureen Gwilliam betonen in ihrem Buch *New Saint Bernard* allerdings, dass Bernhardiner in Wirklichkeit nie Schnapsfässchen trugen. Das Hospiz für Reisende am San-Bernardino-Pass zwischen der Schweiz und

Italien gab es zwar tatsächlich, und Bernhardiner wurden auch für die Suche nach vermissten oder verschütteten Reisenden eingesetzt. Die Hunde waren aber nie mit einem Fässchen voll belebendem Schnaps unterwegs.

Der Mythos vom Schnapsfässchen am Hundehals scheint seinen Ursprung in einem Gemälde des viktorianischen Malers Sir Edwin Landseer zu haben.

Im *Kynox-Atlas – Hunderassen der Welt* der Hundeexperten Bonnie Wilcox und Chris Walkowicz lässt sich nachlesen, dass Landseer den „neckischen Zusatz" eines Schnapsfässchens in sein 1820 gemaltes Bild *Alpine Mastiffs Reanimating a Distressed Traveller* integrierte – mit dem Ergebnis, dass das „in Tat und Wahrheit inexistente Schnapsfässchen die Zeit überdauert hat."

„Rotwein sollte vor dem Trinken entkorkt oder dekantiert werden, damit er ‚atmen' kann!"

DIE WERTSCHÄTZUNG DES Weines hat gelegentlich etwas Mystisches. In ihrem Buch *How to Taste: A Guide to Enjoying Wine* schreibt Jancis Robinson: „Viele Weintrinker behaupten, einige Weine, besonders billige Rotweine, würden viel besser schmecken, wenn sie geöffnet und nicht dekantiert, sondern einfach mehrere Stunden zum ‚Atmen' stehen gelassen werden." Sie meint allerdings, dass „unter solchen Umständen der Wein nur ganz wenige ‚Atemzüge' tun kann und eine Veränderung nicht zu bemerken wäre, weil die der Luft ausgesetzte Oberfläche des Weines so gering ist, dass die Auswirkungen der Durchlüftung unwesentlich sind."

Dem stimmt der Weinexperte Oz Clarke in seinem 2003 erschienen *Kleinen Weinführer* zu: „Wissenschaftler haben bewiesen, dass das Öffnen junger bis mittelalter Rotweine eine Stunde vor dem Servieren überhaupt keinen Unterschied macht. (...) Die Oberfläche des Weines im Flaschenhals, welche Kontakt mit der Luft hat, ist viel zu winzig, um von Bedeutung zu sein."

Sollte man Rotwein also dekantieren? Robinson schreibt: „Der traditionelle, jedoch umstrittene Grund für das Dekantieren ist die Zufuhr von Luft, damit sich das Bouquet des Weines besser entwickeln kann." Sie zitiert Professor Emile Peynaud mit der Aussage, dass

„der Vorgang des Auflösens von Sauerstoff in einem einwandfreien Wein normalerweise nachteilig ist." Er rate, „nur solche Weine zu dekantieren, die einen Bodensatz aufweisen, und auch das erst unmittelbar vor dem Servieren."

Stellen Sie nach dem Entkorken oder Dekantieren einer Flasche Rotwein eine Geschmacksverbesserung fest, so kann das nach Meinung von Jancis Robinson daran liegen, dass „bei sehr billigen Weinen Fehlgerüche zwischen der Oberfläche des Weines und dem Korken eingeschlossen sind. (...) Durch den ‚Atmungsvorgang' können diese entweichen."

Daraus ergibt sich folgende Schlussfolgerung: Wenn Ihr Wein gut riecht, sollten Sie ihn direkt von der Flasche ins Glas gießen. Wenn er aber ein wenig müffelt, sollten sie ihn lüften, bis das Gemüffel besser wird.

„Eine Tasse Tee enthält mehr Koffein als eine Tasse Kaffee!"

IN ENGLAND HAT *The Tea Council* den Koffeingehalt von Kaffee und Tee gemessen und herausgefunden, dass „eine Tasse mit 190 ml Tee 50 mg Koffein enthält, ein Drittel weniger als dieselbe Menge einer Tasse mit Instant-Kaffee (75 mg)". Woher also stammt das populäre Märchen, dass eine Tasse Tee mehr Koffein enthalte als eine Tasse Kaffe? Roy Moxham schreibt in seinem Buch *Tea: Addiction, Exploitation and Empire*, dass „in Blättertee ungefähr zwei bis vier Prozent Koffein enthalten sind (...), zweimal so viel wie in Kaffeebohnen".

Weil aber gewichtsmäßig weniger Tee benötigt wird, um eine Tasse zuzubereiten, liege der Koffeingehalt einer durchschnittlichen Tasse Tee unter dem Koffeingehalt einer durchschnittlichen Tasse Kaffee. Nach Moxham enthält eine typische Tasse Tee, nachdem der Tee eine Minute lang gezogen hat, 10 bis 40 mg Koffein, während „eine Tasse Kaffee 75 bis 180 mg Koffein enthalten kann."

7. KAPITEL

LEBENSMITTEL

„Schokolade löst Migräne aus!"

DEN IN SCHOKOLADE enthaltenen Chemikalien Koffein, Phenylethylamin und Theobromin wird nachgesagt, sie würden Migräne auslösen. Und tatsächlich fand ein Forscherteam um C. M. Gibbs 1991 heraus, dass 40 Prozent der Versuchspersonen, die glaubten, ihre Migräne werde durch den Genuss von Schokolade ausgelöst, nach dem Essen von Schokolade einen Anfall erlitten. In Doppelblindstudien jedoch, bei denen die Versuchspersonen nicht wussten, ob sie richtige Schokolade oder den Schokoladenersatz Carob bekamen, unterschieden sich die Ergebnisse.

Eine 1974 von den Wissenschaftlern Moffett und Swash durchgeführten Studie mit achtzig Versuchspersonen ergab, dass es „bei der alleinigen Gabe von Schokolade nur dreizehnmal zu Kopfschmerzen kam", woraus die Forscher schlossen, dass „Schokolade allein selten ein Auslöser für Migräne ist".

In einer weiteren Doppelblindstudie wies ein Forscherteam um D. A. Marcus 1997 ebenfalls nach, dass Migräne oder Kopfschmerzen von Schokolade nicht häufiger ausgelöst wird als vom Schokoladenersatz Carob. Die Forscher schlossen daraus, dass, entgegen der weitverbreiteten Ansicht von Patienten und Ärzten, Schokolade bei der Auslösung von Kopfschmerzen bei Patienten, die an typischer Migräne, an Spannungskopfschmerzen oder an einer Kombination von beidem leiden, keine bedeutende Rolle spielt.

Und was ist mit denen, die Spannungskopfschmerzen bekommen, weil keine Schokolade mehr da ist? Das Verlangen nach Scho-

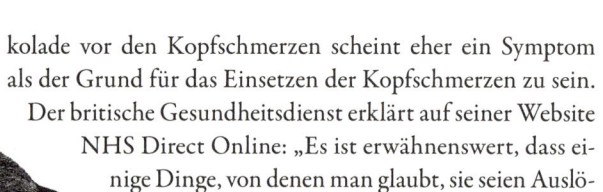

kolade vor den Kopfschmerzen scheint eher ein Symptom als der Grund für das Einsetzen der Kopfschmerzen zu sein. Der britische Gesundheitsdienst erklärt auf seiner Website NHS Direct Online: „Es ist erwähnenswert, dass einige Dinge, von denen man glaubt, sie seien Auslöser (z.B. Schokolade), ein Verlangen in der prodromalen [frühen] Phase [der Migräne] gewesen sein können. Das heißt also, dass die Migräne schon vor dem Essen der Schokolade im Entstehen war und die Schokolade somit nicht der Grund für die Migräne ist."

Ich merke gerade, dass ich Kopfschmerzen bekomme – gebt mir Schokolade!

> „Verschluckt man Kaugummi, wickelt es sich um den Darm, umhüllt das Herz oder braucht sieben Jahre, um sich durch den Körper zu arbeiten!"

ALS IN DEN sechziger Jahren des neunzehnten Jahrhunderts in der westlichen Welt zum ersten Mal Latex-Kaugummi auf den Markt kam, hergestellt aus dem Saft des in Mittelamerika wachsenden Sapodilla-Baumes, wurde es als „unverdaulich" und „nicht zum Verschlucken gedacht" beschrieben. Seit jener Zeit scheinen geheimnisvolle Kräfte die unspektakuläre Tatsache verdrängt zu haben, dass das Kaugummi gar nie zum Verschlucken gedacht war.

Richtet verschlucktes Kaugummi grausame Dinge in unserem Innern an und verbleibt dort für Jahre? „Blödsinn", sagt Dr. Mark Porter, Moderator der Sendung *Case Notes* auf BBC Radio Four. Er schätzt die Zeit, die das Kaugummi benötigt, um den Körper zu durchlaufen „eher auf zwanzig Stunden".

Kaugummi-Hersteller Wrigley's beschreibt den Inhalt des Produktes, um Klarheit beim Verzehr eines Kaugummis zu schaffen: „Ein Kaugummi besteht aus fünf Hauptbestandteilen: Süßungsmitteln, Maissirup, Weichmachern, Aromen und Gummibasis [jenem Teil, der das ‚Gummi' in Kaugummi ausmacht]. Die ersten vier Bestandteile sind löslich, d.h., sie lösen sich beim Kauen im Mund auf. Die Gummibasis jedoch nicht, weshalb sie nicht verschluckt werden sollte. Tun wir es trotzdem, durchläuft sie unseren Organismus so wie Popcorn oder jede andere Form von Ballaststoffen. Das dauert normalerweise nur ein paar Tage."

„Honig ist gesünder als Zucker!"

ERNÄHRUNGSFACHLEUTE ERKLÄREN IN *The Encyclopedia of Foods,* dass „sogenannte ‚natürliche' Süßungsmittel wie Honig, Ahornsirup, Palmzucker, Molasse und Traubensaftkonzentrat fälschlicherweise den Ruf haben, gesünder zu sein als Zucker", obwohl „diese Süßungsmittel in Wahrheit nicht mehr Vitamine oder Mineralien enthalten als Haushaltszucker".

Das *Institute of Food Science and Technology* in London teilt mit, dass „an Honig nichts außergewöhnlich Gesundes ist. Die Spuren von Mikronährstoffen, die er enthält, sind so gering, dass sie für unsere Ernährung keine nennenswerte Bedeutung haben."

The Encyclopedia of Foods warnt darüber hinaus, Honig könne kleine Mengen von Sporen jener Bakterien enthalten, die Vergiftungen durch Botulinustoxin verursachen, weshalb Honig „nie an Babys unter einem Jahr gegeben werden sollte".

„Fleisch sollte nie roh gegessen werden!"

ANGESICHTS DER TATSACHE, dass die besten Fleischstücke so zubereitet werden, dass sie innen noch roh sind, wenn sie auf den Tisch kommen, ist es beruhigend, von der *Food Standards Agency* zu erfahren, dass sich beispielsweise bei „Steaks, Koteletts und Braten die Bakterien normalerweise auf der Außenseite des Fleisches befinden. Wird die Außenseite gebraten, werden die Bakterien abgetötet, auch wenn das Innere des Fleisches noch rosa ist. Das bedeutet, man kann ganze Fleischstücke von Rind, Lamm und Schwein essen, wenn sie innen noch rosa oder blutig sind, wenn einem der Sinn danach steht." Es ist jedoch wichtig zu wissen, dass bei Hackfleischprodukten wie Hamburgern und frischen Bratwürsten andere Regeln angewendet werden. Bei ihrer Herstellung werden die Bakterien während des Mischvorgangs in der gesamten Masse verteilt; deshalb rät die *Food Standards Agency,* „Würste und Frikadellen so lange zu braten, bis nur noch klarer Bratensaft austritt und die gesamte Fleischmasse durchgebraten, also nicht mehr rosa, ist". Dieselbe Vorgehensweise gilt es bei Geflügel (Hähnchen, Pute, Ente, Gans) und bei Wild zu beachten.

„Spinat enthält große Mengen Eisen und macht stark!"

PROFESSOR TERRY J. HAMBLIN führte den Mythos vom hohen Eisengehalt von Spinat im *British Medical Journal* vom Dezember 1981 auf eine Studie von Dr. E. von Wolf aus dem Jahre 1870 zurück. Wolf habe seine Daten vor dem Aufkommen der Schreibmaschine per

Hand aufgeschrieben und ein falsch gesetzter Dezimalpunkt habe bei der Veröffentlichung dieser Daten dazu geführt, dass der Eisengehalt in Spinat zehnmal so hoch ausgewiesen wurde, als er in Wirklichkeit war.

1937 korrigierten deutsche Chemiker den Fehler, doch da hatte sich der Irrglaube bereits in den Köpfen der Leute festgesetzt und wahrscheinlich auch zur Erfindung der Figur des Popeye geführt, der durch das Verschlingen von Spinat unermessliche Kräfte erlangt – was den Mythos natürlich noch verstärkte.

Spinat enthält zwar auch Spuren von Eisen, doch wie die Ernährungsexpertin Roberta Larson Duyff in ihrem Buch *Food Folklore* ausführt, „verbindet sich Oxalsäure, ein weiterer Nahrungsbestandteil im Spinat, mit Eisen und begrenzt damit die Aufnahme des Eisens". Außerdem weist Duyff darauf hin, dass „sportliche Betätigung und nicht Eisen oder ein anderer Nährstoff für den Aufbau von Muskelstärke sorgt".

Spinat macht also nicht stark oder versetzt einen in die Lage, schwere Sachen hochzuheben, wie das Popeye kann. Auch ist Spinat nicht der größte Eisenlieferant; immerhin enthält er aber viel Vitamin A, E und zahlreiche lebenswichtige Antioxidantien.

„Auberginen müssen in Salzwasser eingeweicht werden, damit sie den bitteren Geschmack verlieren!"

WÄHREND ES IN manchen Rezepten heißt, man solle die in Scheiben geschnittene Aubergine salzen und dreißig Minuten liegen lassen, damit die Bitterstoffe ausgeschwemmt würden, berichtet die Food-Journalistin Jill Dupleix in *The Times*, dass „heutige Auberginenarten gar keine Bitterstoffe mehr haben, die ihnen entzogen werden müssen".

Dem stimmt Alan Davidson in *The Oxford Companion to Food* zu und erklärt, dass Auberginen früher „tatsächlich „Bitterstoffe" enthielten, bei den heutigen Auberginen ein bitterer Geschmack aber kein Problem mehr ist."

8. KAPITEL

DINGE, DIE „GUT" FÜR UNS SIND

„Ein heißer Grog hält die Kälte ab!"

KALTES WETTER DIENT oft als Entschuldigung dafür, sich ein paar hinter die Binde zu kippen. Wie sich zeigt, ist das jedoch keine besonders gute Idee. Die Medizin-Journalistin und Moderatorin Dr. Trisha Macnair zum Beispiel erklärt, dass Alkohol „eine Erweiterung peripherer Blutgefäße, also zunehmenden Wärmeverlust, verursacht". Wenn man in kalter Umgebung Alkohol trinkt, behält der Körper die Wärme nicht, sondern pumpt mehr Blut in Hände und Füße, was zulasten lebenswichtiger Organe geht. Man *fühlt* sich zwar warm (und hat vielleicht sogar eine rosige Gesichtsfarbe), doch die wertvolle, in die Extremitäten geleitete Wärme wird dort schnell an die kalte Umgebung abgegeben. Die Wärme, die man fühlt, ist die Wärme, die der Körper verliert; das Gefühl der Erwärmung ist nur eine Illusion.

Dr. James A. Wilkerson fand heraus, wie übermäßiger Alkoholgenuss die Wärmeerzeugung reduziert, indem er mit Zittern reagiert – die natürliche Methode des Körpers, sich gegen die Kälte zu schützen.

Der Überlebensexperte Chris Townsend warnt in der *Encyclopedia of Outdoor and Wilderness*, dass Alkohol weit davon entfernt sei,

die Kälte abzuhalten. „Alkohol bewirkt genau das Gegenteil – er kann sogar eine Unterkühlung begünstigen."

„Hustenpräparate lindern den Husten!"

ZWEI FORSCHERGRUPPEN UNTERSUCHTEN unabhängig voneinander die Wirksamkeit von freiverkäuflichen Hustenmedikamenten. Im Jahr 2001 folgerte das Team um Dr. K. Schoeder: „Es gibt keine ausreichenden Beweise für oder gegen die Wirksamkeit freiverkäuflicher Arzneimittel bei akutem Husten" und wies darauf hin, dass die „Identifizierung unwirksamer Präparate Kosten für die Verbraucher und Krankenkassen vermeiden könnte". Und im Jahr 2003 kam das Team um Dr. Ian M. Paul zu folgender Erkenntnis: „Bei der Linderung nächtlicher Symptome bei Kindern mit Husten- und Schlafproblemen als Folge einer Infektion der oberen Atemwege sind Diphenhydramin und Dextromethorphan nicht wirksamer als Placebos [Präparate ohne Wirkstoff] ... Darüber hinaus verhelfen die den Kindern verabreichten Medikamente, verglichen mit Placebos, den Eltern nicht zu einer verbesserten Schlafqualität."

Auch Professor Alyn H. Morice, Leiter der *Division of Academic Medicine of the University of Hull*, weist darauf hin, die freiverkäuflichen Hustenpräparate würden zwar „den Anschein haben", den Husten zu lindern, doch „dieser Effekt ist nicht größer als der bei den Placebos beobachtete". Morice empfiehlt, bei der Einnahme eines freiverkäuflichen Hustenmedikamentes darauf zu achten, „dass es die einfachste Zusammensetzung haben sollte, damit das Risiko von Nebenwirkungen minimiert wird".

Dr. Richard Russell von der *British Thoracic Society* sagt: „In Großbritannien werden jedes Jahr für ungefähr 100 Millionen Pfund freiverkäufliche Medikamente gegen akuten Husten abgesetzt – Geld, das für Heilmittel ausgegeben wird, deren Wirksamkeit noch nicht einmal bewiesen ist."

Es scheint demnach sinnvoller zu sein, bei der altmodischen Kombination von Honig und Zitrone zu bleiben – zumindest schmeckt das gut.

„Kupferarmbänder helfen bei Arthritis!"

DIE THEORIE BESAGT, dass Kupferarmbänder winzige Mengen von Kupfer in die Haut abgeben, dabei einen grünen Rand hinterlassen und bei der Erneuerung des Knorpels helfen. Wenn unter Arthritis Leidende sich für das Tragen eines Kupferarmreifens entscheiden, bekommen sie tatsächlich den grünen Rand, der entsteht, wenn das Kupfer mit den im Schweiß enthaltenen sauren Salzen reagiert. Doch was ist mit der Knorpelerneuerung?

Dr. Randy Bindra von der *University of Arkansas for Medical Sciences* sagt, es sei „nie bewiesen worden, dass durch das Tragen eines Armbandes Kupfer durch die Haut absorbiert werden kann ... Kein Behandlungsverfahren hat eine Heilung oder ein Rückgängigmachen der Veränderungen durch Arthritis gezeigt". Bindra fügt hinzu, dass „Kupfermangel äußerst selten ist" und eine normale Ernährung „ausreichend Kupfer liefert, um den täglichen Bedarf zu decken".

Die *Arthitis Research Campaign* sagt das Gleiche: „Die Forschung hat gezeigt, dass im Körper von Menschen mit Arthritis ausreichend Kupfer für einen normalen Gesundheitszustand vorhanden ist. Deshalb ist es schwierig zu verstehen, welche Wirkung solche Armreifen haben sollen ... Es gibt keine Forschungen, die die Verwendung von Kupferarmreifen empfehlen."

„Fürs Fitness-Training gilt: ,Ohne Schweiß kein Preis!'"

DIE DEVISE „OHNE Schweiß kein Preis!" wurde in den sechziger Jahren des zwanzigsten Jahrhunderts populär, als Bodybuilder wie Arnold Schwarzenegger Gewichte stemmten. Versteht man das so, dass ein gewisses Maß an Anstrengung erforderlich ist, um ein brauchbares Fitnessniveau zu erreichen bzw. zu halten, ist dagegen nichts einzuwenden. Leitet man daraus aber ab, man müsse so lange querfeldein rennen, bis die Oberschenkelmuskeln schmerzen, wird es fragwürdig.

In seinem Buch *The Maffetone Method* gibt der Trainingsexperte Dr. Philip Maffetone dem Ausspruch „*No pain, no gain*" die Schuld an vielen Fällen von übermäßigem Training: „Dieser Mythos besagt, dass man leiden und bis zur Schmerzgrenze trainieren muss, um einen Nutzen aus der sportlichen Betätigung zu ziehen ... Viel zu viele Menschen beginnen ein Fitnesstraining mit dem Ehrgeiz, körperlich in Form zu kommen, verletzen sich dabei – und trainieren danach nie wieder." Maffetone schreibt, um gute Ergebnisse  zu erzielen brauche man sich nicht zu überanstrengen: „Auch wenn man nie hart trainiert, kann man einen großen Nutzen daraus ziehen. Dreißigminütiges bequemes Gehen an fünf Tagen der Woche erzielt zum Beispiel spektakuläre Ergebnisse."

Auch Dr. Daniel S. Kirschenbaum bezeichnet in seinem Buch *The Nine Truths About Weight Loss* den Mythos ,*No pain, no gain*' als falsch: „Ihre Muskeln sollten während der letzten Wiederholungen ermüdet sein, doch sollten Sie keinen heftigen oder stechenden Schmerz in Ihren Muskeln oder Gelenken spüren."

1970 EMPFAHL DER US-Nobelpreisträger Linus Pauling Vitamin C in hoher Dosierung zur Abwehr von Erkältungen, und noch heute schwören viele Leute auf die Einnahme von hochdosiertem Vitamin C, um sich vor einer Erkältung zu schützen. Trotz zahlreicher, breit angelegter Studien konnten bis heute aber keine Daten beigebracht werden, mit denen sich die Behauptung wissenschaftlich zweifelsfrei belegen ließe. Der Vitamin-C-Experte Professor Balz Frei vom Linus-Pauling-Institut in den Vereinigten Staaten sagt: „Es gibt keinen Beweis dafür, dass Vitamin C das Auftreten von Erkältungen mindern oder gar verhindern kann."

1991 wertete das Forscherteam um A. B. Carr eine Doppelblindstudie über Vitamin-C-Tabletten aus, an der fünfundneunzig eineiige Zwillingspaare teilgenommen hatten. Es kam zu dem Ergebnis, dass „Vitamin C keine bedeutende Auswirkung hatte und lediglich die durchschnittliche Dauer der Erkältung um neunzehn Prozent verkürzte".

In einem 1997 erschienenen Bericht über Vitamin C und Erkältungen weist der Wissenschafter Tedros Amanios ebenfalls darauf hin, die vorliegenden Studien hätten keine auffallende Auswirkung von Vitamin C auf das Auftreten von Erkältungen nachgewiesen: „Vitamin C scheint bei ‚normalen' Menschen das Vorkommen von Erkältungen nicht zu reduzieren. Nur bei Menschen, die großem Stress ausgesetzt sind, wird das Auftreten von Erkältungen dadurch gemindert."

Dr. Charles Born von der *Medical Sciences Pharmacy* an der Universität von Kansas warnt, dass „zu viel Vitamin C zu starkem Durchfall führen kann, was vor allem für ältere Menschen und Kleinkinder gefährlich ist."

Nun müssen Sie Ihr Vitamin C allerdings nicht gleich wegwerfen: Frei und Carr sind sich nämlich darüber einig, dass „Vitamin C die Dauer der Erkältungssymptome um ungefähr zwanzig Prozent verkürzen kann", wenn man sich bereits erkältet hat. Und Amanios empfielt: „Da Vitamin C die Erkältungssymptome zu reduzieren scheint, ist es ratsam, Vitamin C bei einer normalen Erkältung einzunehmen."

„Das Inhalieren von Ozon ist gesundheitsfördernd!"

OZON ENTSTEHT, WENN Luft durch eine elektrische Entladung geleitet wird. Es lässt Baumwolllaken, die an einem windigen Tag auf der Wäscheleine getrocknet wurden, frisch duften. Und in der Erdatmosphäre hilft das Ozon, die gefährliche UV-Strahlung zu filtern. Die *Encyclopaedia Britannica* beschreibt Ozon aber auch als ein „reizendes, blassblaues Gas, das auch in geringen Konzentrationen explosiv und giftig ist".

Viktorianische Gesundheitsfanatiker haben das Inhalieren von großen Mengen Ozon am Meer befürwortet – zweifelsohne ließ das Vorhandensein von Ozon an der Küste die Luft dort frischer riechen, was den Eindruck erweckte, sie müsse demnach auch gesünder sein.

Die *National Cyclopaedia of Useful Knowledge* warnte ihre Leserschaft dagegen im Jahre 1850: „Das Einatmen von Ozon ist sehr schädlich ... Christian Friedrich Schönbein [der das Ozon 1840 entdeckte], gab an, dass ihm durch das Einatmen von mit Ozon angereicherter Atemluft ernsthafter Schaden zugefügt worden sei."

In *Life and Breath* warnt Dr. Neil Schachter: „Setzt man sich lange und wiederholt hohen Ozonwerten aus, kann dies zu einer erheblichen Beeinträchtigung der Lungenfunktion, Entzündung des Rippenfells und erhöhter Atemnot führen" – was entgegen den Vorstellungen der Viktorianer ganz und gar nicht gesundheitsfördernd ist ...

„Wer an Asthma und Allergien leidet, sollte ‚hypoallergene' synthetische Kissen verwenden!"

„Obwohl es keinen Beweis für die Effektivität dieser Praxis gibt", so der Wissenschaftler T. J. Kemp 1996 in einem Beitrag für das *British Medical Journal*, „wurde Asthmatikern viele Jahre lang geraten, mit Federn gefüllte Kissen im Bett zu meiden". Im Gegensatz dazu, so Kemp, hätten die wissenschaftlichen Untersuchungen seines eigenen Forschungsteams ergeben, dass „Kissen mit Polyesterfüllung einen signifikant höherer Wert an Der-p-I-Gehalt [Hausstaubmilbenallergen] ... und bedeutend höhere µg-Werte von Der p I/g [Feinstaub] enthalten als mit Federn gefüllte Kissen."

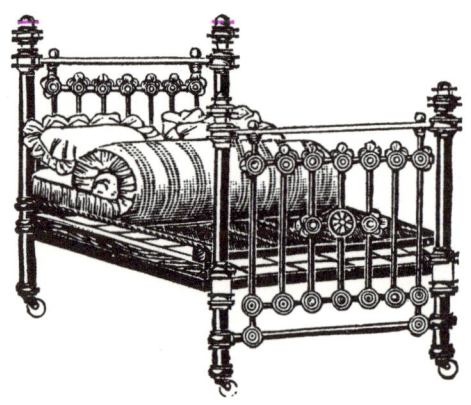

Ein Jahr später fand ein Forscherteam um B. K. Butland heraus, dass „die Benutzung von nicht mit Federn gefüllten Kissen deutlich mit kindlichem Asthma in Zusammenhang steht".

Bezüglich anderer Allergien wie beispielsweise Heuschnupfen stellte A. C. Frosh 1999 fest, dass „die Benutzung von Federkissen ... das Risiko einer perennialen oder saisonalen Rhinitis [Niesen das ganze Jahr über oder Heuschnupfen] wahrscheinlich nicht erhöht. Entgegen verbreiteter Ansichten ist es sogar eher so, dass die Verwendung von *nicht* mit Federn gefüllten Kissen eine Erhöhung des Risikos bewirkt." Es scheint, als würde das dichtere Gewebe bei mit Federn gefüllten Kissenumhüllungen (welches verhindern soll, dass die Federn heraustreten) auch die Staubmilben davon abhalten, sich in den Kissen einzunisten.

Caroline Moye von der britischen Asthma-Beratungsstelle erklärt klipp und klar: „Obwohl einige Menschen allergisch auf Federn reagieren, gibt es keinen stichhaltigen Beweis dafür, dass synthetische ‚hypoallergene' Kissen für Asthmatiker besser geeignet sind als mit Federn gefüllte."

9. KAPITEL

GRIECHEN UND RÖMER

„ Julius Cäsar wurde per Kaiserschnitt geboren!"

DIE BEHAUPTUNG, JULIUS Cäsar sei per Kaiserschnitt geboren worden, geht auf den römischen Staatsmann und Naturhistoriker Plinius den Älteren zurück, der die Theorie aufstellte, das erste „Cäsar" genannte Kind habe diesen Namen erhalten, weil „es aus dem Bauch seiner Mutter herausgeschnitten wurde", also per Kaiserschnitt oder *Sectio caesarea* auf die Welt gekommen sei.

In *Caesarean Section* widerspricht Dr. Michele Moore dieser These, weil „Kaiserschnitte vor dem Zeitalter von Narkose und Antibiotika nur durchgeführt wurden, um Babys von toten Müttern zu entbinden". Auch Dr. Helen Churchill, Dozentin für Gesundheitsstudien und Soziologie, schreibt in *Caesarean Birth: Experience, Practice and History*, der Zusammenhang zwischen dem Kaiserschnitt und Julius Cäsar sei „wahrscheinlich ein Mythos", denn zu jener Zeit (100–44 vor Christus) habe es erstens „keine dokumentierten mütterlichen Überlebenden nach Kaiserschnitten gegeben", und zweitens habe die Mutter von Julius Cäsar „seine Geburt noch viele Jahre überlebt". Auch der Geburtshelfer Dr. Michel Odent argumentiert, die Kaiserschnittoperation habe „ihren Namen nicht daher bekommen, dass Julius Cäsar auf diese Weise geboren wurde", denn „seine Mutter Aurelia stand ihrem erwachsenen Sohn noch als Beraterin zur Seite".

Hat sich Plinius also geirrt? Und wie kam die Geburtshilfemethode zu ihrem Namen? In *Current Obstetric and Gynaecological Diagnosis and Treatment* verweist Dr. Alan De Cherney darauf, dass *caesus* das lateinische Wort für „schneiden" ist und leitet den Ausdruck von einem alten römischen Dekret, der *lex caesarea*, ab, welches bestimmte, dass „eine Frau, die zu fortgeschrittener Schwangerschaft verstirbt, erst begraben werden kann, wenn das Kind aus ihrem Uterus entfernt wurde".

Moore folgt einer ähnlichen Linie: „Wahrscheinlich wurde einer von Cäsars Vorfahren von einer toten Mutter entbunden ... und der Name wurde danach innerhalb der Familie weitergegeben." Auch Odent hält es für wahrscheinlich, dass „ein Vorfahre von Cäsar den Namen bekam, nachdem er die operative Geburt überlebt hatte und der Name nun innerhalb der Familie weitergegeben wurde." Im *Chamber's Dictionary* schließlich steht, der Begriff *Caesaerean section* stamme vom Lateinischen „schneiden" und sei „auf die Tradition zurückzuführen, dass der erste Träger des Beinamens Cäsar auf diese Weise entbunden wurde".

Somit kann Plinius' Theorie, wonach der erste Cäsar – also nicht Gaius Julius Cäsar – wahrscheinlich auf diese Weise geboren worden sei, trotzdem zutreffen. In diesem Falle wäre Julius Cäsars Name dann aber auf die Operation zurückzuführen und nicht umgekehrt.

„Die Amazonen waren ein Stamm von Kriegerinnen in Griechenland, denen zum ungehinderten Abschießen des Bogens eine Brust entfernt wurde!"

IN IHREM BUCH *Women in Classical Athens* schreibt Susan Blundell, Dozentin für Zivilisationsgeschichte des Altertums, dass die alten Amazonen-Kriegerinnen „angeblich ... an der südöstlichen Küste des Schwarzen Meeres ... gelebt haben" – also ursprünglich nicht aus Griechenland stammen. Auch dass die Amazonen ihre rechte Brust amputiert hätten, um ihre Kampffähigkeiten im Gefecht zu verbessern, verweist die Autorin ins Reich der Fantasie. „Kein Autor des klassischen Zeitalters hat diesen Aspekt ihres Aussehens erwähnt ...

Bemalte Vasen und Skulpturen zeigen die Amazonen immer mit zwei
normalen Brüsten."

In *War and Gender* greift
Professor Joshua S. Goldstein
zwar die Behauptung auf, die
Amazonen hätten wahr-
scheinlich eine Brust abgeschnitten, um einfacher
mit Pfeil und Bogen
schießen zu können,
doch räumt auch er
ein, dass „die meisten
künstlerischen
Darstellungen dies nicht zeigen".

Lyn Webster Wilde schließlich schreibt in ihrem Buch *Amazonen*,
dass diese kämpferischen Frauen „in der Kunst immer mit zwei Brüsten dargestellt werden, die normalerweise fest und vorstehend sind".

Woher aber stammt der martialische Mythos vom Abschneiden
der Brust zum Vereinfachen des Bogenschießens? In *Warrior Women* verweist die Archäologin Jeannine Davis-Kimball auf Herodot,
einen altgriechischen Historiker des fünften Jahrhunderts, der „darauf bestand, dass das Wort Amazone von zwei griechischen Wörtern
abstamme, die ‚ohne Brust' bedeuteten (*a* = ohne; *mazos* = Brust)".
Amazone hat seitdem zahlreiche Bedeutungen aus verschiedenen
Sprachen bekommen: von *ha-mazan*, was „zusammen kämpfen" bedeutet, bis *am-azon* was „Mutter-Herr" heißt. Der römische Autor
Philostratus verfolgte eine andere Fährte: das „ohne Brust" könne
auch „nicht gestillt" bedeuten und beziehe sich damit auf die Praxis
militärischer Reiterinnen, ihre Babys anstatt mit Muttermilch mit
Stutenmilch zu füttern.

Wie dem auch sei, moderne Frauen meistern das tägliche Leben
(und auch den Sport des Bogenschießens), ohne dass die Brüste dabei
im Wege wären. Bestimmt wäre das bei den klämpferischen Amazonen nicht anders gewesen.

„Caligula machte sein Pferd zum Konsul!"

DER RÖMISCHE KAISER Caligula war nach allem, was man so über ihn hört, kein angenehmer Zeitgenosse, aber er mochte sein Pferd Incitatus. Er hing so sehr an dem Tier, dass er, zahlreichen Gerüchten zufolge, das Pferd zum Konsuls beförderte. Ungefähr siebzig Jahre nach Caligulas Tod beschrieb der römische Historiker Suetonius das Ausmaß der Zuneigung des Kaisers für sein getreues Ross wie folgt: „Neben einem Stall aus Marmor, einem Futtertrog aus Ebenholz, violetten Decken und einem Halsband aus Edelsteinen bekam das Pferd sogar ein Haus, mehrere Sklaven und Möbel für die in seinem Namen eingeladenen Gäste, und es hieß auch, dass er vorhatte, es zum Konsul zu machen." Die Tatsache, dass Suetonius für seinen Bericht den Begriff „typische Anekdote" verwendete, ohne entsprechende Nachforschungen bezüglich des Wahrheitsgehalts dieser Behauptungen anzustellen, lässt vermuten, dass die Geschichte schon damals nicht mehr als ein süffisantes Gerücht war.

Anthony Blond jedenfalls schreibt in *A Scandalous History of the Roman Emperors*, dass „die Beförderung des Pferdes zum Konsul nie stattgefunden" hat und eher ein Witz war. Und die *Encyclopaedia Britannica* hält fest, dass die Behauptung, Caligula habe sein Pferd zum Konsul befördert, „unwahr" sei. Obwohl nicht auszuschließen ist, dass Caligula eine solche Beförderung ins Spiel gebracht hat, um seine Senatoren zu ärgern, steht fest, dass es nie dazu gekommen ist.

„Atlas trägt die Erde auf seinen Schultern!"

GEMÄSS DEM GRIECHISCHEN Dichter Hesiod wurde der Titan Atlas von Zeus dafür bestraft, dass er gegen ihn ins Feld zog. Die Künstler des Altertums porträtierten Atlas deshalb immer als jemanden, der das „Himmelsgewölbe" stützte, denn das war seine Strafe.

In *Thereby Hangs a Tale* weiß der Lexikograph Charles E. Funk zu berichten, dass Gerardus Mercator, ein flämischer Kartenmacher des sechzehnten Jahrhunderts, „eine Kopie eines dieser Bilder ... als Titelseite seiner ersten Landkartensammlung verwendete", die er „Atlas" nannte. Der Name blieb hängen als Bezeichnung für ein Buch mit

Landkarten. Davon ausgehend würde man annehmen, dass die Kugel, die Atlas trägt, die Erdkugel ist, doch das ist falsch:

Der *Encyclopaedia Britannica* zufolge „scheint Atlas in den Werken Homers ein maritimes Geschöpf zu sein, das die Säulen stützte, welche Himmel und Erde voneinander trennten". Klassische Gelehrte haben dies bestätigt: „Mein Großvater Atlas hält die Himmel hoch" (Ovid); „Atlas hält den Himmel hoch" (Seneca); „Wo Atlas den Himmel auf seinen Schultern stützt" (Horaz).

Das Schlüsselwort ist „Himmel" – Atlas stützte den oder die Himmel, nicht die Erde. Hat der flämische Kartenmacher Mercator das falsch verstanden? Wahrscheinlich nicht. In *Mercator: The Man Who Mapped the Planet* schreibt der Geograph Nicholas Crane, dass Mercator den Namen Atlas nicht gewählt habe, weil er die Welt stützte, sondern weil er „so bekannt war für seine Gelehrsamkeit, Menschlichkeit und Weisheit".

„Klassische Skulpturen wurden in weißem Stein oder Marmor gefertigt!"

DEN ERKENNTNISSEN DES *Museum of Classical Archaeology* in Cambridge zufolge „wurden antike griechische Marmorskulpturen in leuchtenden Farben angemalt und mit Metallschmuck verziert". Und Peter Stewart, Dozent für klassische Kunst, schreibt in seinem Buch *Statues in Roman Society* , dass, „die Statuen grob bemalt (wurden), um der Realität zu ähneln".

Schon die antiken Chronisten Plutarch, Virgil und Plato beschrieben bemalte Statuen, und im 19. Jahrhundert förderten Ausgrabungen auf der Akropolis Statuen zutage, die Farbspuren aufwiesen.

Weshalb nehmen wir dennoch alle an, antike Statuen seien ursprünglich in Stein oder Marmor präsentiert worden? Vielleicht, weil der angesehene Archäologe und Kunsthistoriker des achtzehnten Jahrhunderts, Johann Joachim Winckelmann, der festen Überzeugung war, dass „Farbe bei der Betrachtung von Schönheit eine untergeordnete Rolle spielen sollte, denn nicht die Farbe, sondern die Struktur ist dabei das Wesentliche". Seitdem traute sich niemand mehr vorzubringen, dass eine klassische Statue durch das Draufklatschen von ein bisschen Farbe verschönert werden könnte.

Im *Museum of Classical Archaeology* in Cambridge ist nun eine mit blauer und roter Farbe bemalte Reproduktion der *Peplos-Kore*-Statue so zu sehen, wie sie ursprünglich einmal ausgesehen hat (das Original aus dem 6. Jh. v. Chr. steht im Akropolis-Museum in Athen). Doch diese historische Authentizität ist nicht jedermanns Sache, wie ein Blick ins Gästebuch zeigt: „Mir gefiel die angemalte Frau nicht."

Bilder antiker Statuen in ihrer ursprünglichen Erscheinungsform sind auf der Website der *Virtual Sculpture Gallery* unter http://mandarb.net/virtual_gallery/index.shtml zu sehen – entscheiden Sie selbst, wie Ihnen die klassischen Skulpturen besser gefallen: bunt oder weiß?

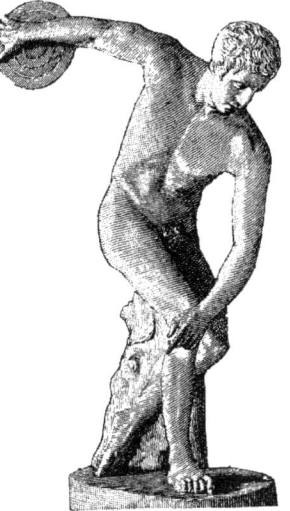

IN DER KLEOPATRA-BIOGRAPHIE von Ernle Bradford ist nachzulesen, dass die berühmte Schönheit, die mit Cäsar einen Sohn hatte,
„zwar die siebte ägyptische Königin mit diesem Namen war, es aber
zweifelhaft ist, ob sie überhaupt ägyptisches Blut in ihren Adern hatte. Sie war eine mazedonische Griechin".

Wenn wir das Bild der großen ägyptischen Königin vor unserem

geistigen Auge heraufbeschwö-
ren, sehen wir sie wahrscheinlich
mit langem, schwarzem Haar
und dunklem Augen-Make-up.
Bradford betont allerdings, dass
wir „von ein paar Münzen und
Beschreibungen antiker Schriftsteller abgesehen, wenig über ihr
Aussehen wissen, denn letztend-
lich kann keine Porträtbüste für
echt befunden werden." Er schreibt,
dass weder die Münzen noch die
Schriftsteller klären können, ob
Kleopatra blond oder brünett war,
hellhäutig oder dunkel, meint aber,
dass die Münzen auf einen östlich
mediterranen Typ schließen lassen
und es seiner Ansicht nach „berechtigt ist, daraus zu folgern, dass
Kleopatra schwarzhaarig war und eine helle olivfarbene Haut hatte".

Andere Quellen, so etwa Kristina Gregory, beschreiben Kleopatra
wegen ihrer mazedonischen Herkunft als „hellhäutig, vielleicht mit
blondem Haar und grünen Augen".

In *Ghosts of Vesuvius* schreibt Charles Pellegrino Kleopatra sogar
„glühend rote Haare" zu.

Obwohl wir wahrscheinlich nie wissen werden, welche Haarfarbe und welchen Teint Kleopatra in Wirklichkeit hatte, ist es sicherlich zutreffend, dass sie nicht ägyptischer, sondern mazedonisch-grie-
chischer Herkunft war.

> „Im Römischen Kolosseum wurde mit einem nach unten
> gerichteten oder einem nach oben weisenden Daumen
> über Tod oder Begnadigung entschieden!"

HEUTE DEUTEN WIR den nach unten gerichteten Daumen als
„schlecht" oder negativ und den noch oben gerichteten Daumen als
„gut" oder positiv, doch diese beiden wohlbekannten Gesten hatten
im römischen Zeitalter nicht dieselbe Bedeutung.

Es stimmt wohl, dass die Römer in
der Kampfarena Gesten mit der Hand
benutzten, um ihren Wünschen Ausdruck zu verleihen. Der römische Satiriker Juvenal berichtet von Gladia-
toren, die Beifall erhielten, „wenn sie
den erschlugen, den die Massen mit
einer Drehung des Daumens [*verso pollice*] erschlagen haben wollten".
Und von seinem Kollegen Pruden-
tius ist eine eine ähnliche Beobachtung überliefert, doch weder Pru-
dentius noch Juvenal sagen, in welche Richtung der Daumen gedreht
wurde.

Der Lexikograph Charles E. Funk meint, dass das Gemälde *Pollice Verso* von Jean Léon Gérôme, einem französischen Maler des neunzehnten Jahrhunderts, für „die heutige weitverbreitete Vorstellung,
dass *pollice verso* ,Daumen nach unten' bedeu-
tet", verantwortlich sein könnte. Das Gemälde
zeigt eine überfüllte römische Kampfarena mit
einigen blutrünstigen vestalischen Jungfrauen,
die auf die letzten Szenen eines Kampfes blicken
und nach unten stoßende Bewegungen mit dem
Daumen machen. Nach Funk bezieht sich „mit
gedrehtem Daumen" auf den Daumen als „einen
Dolch, der auf einen selbst zeigt oder in einen
Widersacher gestoßen wird".

Nancy Armstrong und Melissa Wagner, die
Autorinnen von *Field Guide to Gestures*, berich-

ten von neueren Forschungen, die darauf hindeuten, dass „die Römer ihre Daumen in einer vorgezeigten geschlossenen Faust verbargen, um den Gladiator zu verschonen und ihre Daumen zeigten, indem sie sie aus der Faust hervorstreckten, um ihn niedermetzeln zu lassen". Der Altertumsexperte Eric Nelson stimmt dem zu und erklärt, dass in Fällen, „in denen wir das Daumen-hoch-Zeichen gebrauchen, um ,gut gemacht!' oder ,ja!' zu signalisieren, der römische, nach oben gestreckte Daumen wahrscheinlich *Jugula!* bedeutete: ,Schneidet ihm die Kehle durch!')."

Als Rom in Flammen stand, spielte Nero Geige!"

NERO, RÖMISCHER KAISER des ersten Jahrhunderts, wird allgemein beschuldigt, Rom mutwillig in Brand gesteckt zu haben, damit er das rote Band durchschneiden und die Stadt nach seinen eigenen Wünschen wiederaufbauen konnte. Es wäre für Nero jedoch schwierig gewesen, Geige zu spielen, während die Stadt brannte, denn im Jahre 64 n. Chr. war das Instrument noch gar nicht erfunden.

Wenn überhaupt, dann müsste es sich bei dem fraglichen Saiteninstrument um eine Leier gehandelt haben, und tatsächlich schreibt Cassius Dio, ein römischer Chronist des zweiten Jahrhunderts, dass Nero „auf das Dach des Palastes stieg, von wo aus er den besten Überblick über den größten Teil der Feuersbrunst hatte und, indem er so tat als würde das Gewand eines Leier-Spielers tragen, das ,Lied von der Eroberung Trojas' sang". Diese Schilderung könnte auf Tacitus, einen römischen Chronisten des ersten Jahrhunderts, zurückgehen, der zu berichten wusste: „Überall ging das Gerücht um, dass der Kaiser auf einer privaten Bühne erschien und von der Zerstörung Trojas sang, als die Stadt in Flammen stand." Tacitus wird oft zitiert, um Nero als Brandstifter zu denunzieren. Doch an einer früheren Stelle in seinem Bericht bezeichnet Tacitus selbst die Brandursache als „ungewiss". Auch schreibt er, Nero habe sich in Antium aufgehalten, als das Feuer ausbrach, und beschreibt, wie der Kaiser nach seiner Rückkehr in die Stadt Rom Notunterkünfte bauen, Nahrungsmittel herbeischaffen und den Preis für Getreide auf eine Viertel Sesterze pro

Pfund senken ließ, um den Obdachlosen zu helfen. Doch „trotz ihres populären Charakters ernteten diese Maßnahmen keine Dankbarkeit", fährt Tacitus fort, um danach auf die ständigen Gerüchte zu verweisen.

In der *Encyclopaedia Britannica* ist nachzulesen, dass sich Nero während des Feuers in seiner fünfunddreißig Kilometer von Rom entfernten Villa in Antium aufhielt und deshalb nicht für das Niederbrennen der Stadt verantwortlich gemacht werden kann.

Auch der Altertumsexperte H. H. Scullard schreibt in seinem Buch *From the Gracchi to Nero*, dass „keiner der beiden Anklagepunkte [Brandstiftung oder Singen und Musizieren, während das Feuer wütete] ernst genommen werden kann: Wenn Nero vorgehabt hätte, Rom zu zerstören, hätte er wahrscheinlich kaum eine klare mondhelle Sommernacht gewählt, in der das Vorgehen seiner Brandstifter schwerlich verborgen geblieben wäre." Auch nach Scullard eilte Nero von Antium zurück nach Rom, wo er „die Feuerbekämpfung leitete und tatkräftige Maßnahmen als Hilfe für die Obdachlosen ergriff".

Anstatt für Neros Anstrengungen, die Stadt nach der großen Feuersbrunst wieder aufzubauen, dankbar zu sein, wurde die römische Bevölkerung in Bezug auf seine wahren Motive misstrauisch und begann, Gerüchte über ihn zu verbreiten. Nach dem berühmt-berüchtigten Mord an seiner Mutter Agrippina und an seiner Ehefrau Octavia eilte Nero ein brutaler Ruf voraus, und selbst gut gemeinte Bemühungen wurden von seinen skeptischen Untertanen abgelehnt.

10. KAPITEL

HISTORISCHE EREIGNISSE

> „Im Mittelalter hatte der Grundherr das Recht, nach der Hochzeit eines Vasallen die erste Nacht mit dessen Braut zu verbringen!"

DAS *DROIT DU seigneur* oder „Recht des Grundherrn", das auch unter dem Namen *droit de cuissage* bekannt ist, soll im mittelalterlichen Europa existiert haben. Es wird erstmals in der Literatur des sechzehnten Jahrhunderts erwähnt, kommt auch im Film *Braveheart* vor, und soll aus dem *jus primae noctis* oder „Recht der ersten Nacht" hervorgegangen sein.

In seinem Buch *Das Recht der ersten Nacht* bestreitet der Autor Alain Boureau, dass ein solches Recht im mittelalterlichen Frankreich existiert habe: „Jedes Mal, wenn wir den genauen Kontext eines Falles untersuchen ... finden wir ... keine Anzeichen dafür, dass diese ... Behauptungen jemals den geringsten Niederschlag in rechtlicher oder tatsächlicher Hinsicht gefunden hätte."

Der deutsche Historiker Karl Schmidt schrieb 1881 in einer Abhandlung zu dem Thema, dass das angebliche Recht der ersten Nacht ein „angelernter Aberglaube" sei. In *A History of Celibacy* der englischen Historikerin Elizabeth Abbott ist nachzulesen, dass die ersten christlichen Priester den Frischvermählten geraten hatten, „in Keuschheit zu feiern … in der ersten Nacht ganz sicher und, wenn möglich, auch in den folgenden drei oder vier Nächten". Das Paar konnte den Ratschlag ablehnen, musste bei Vollzug der Ehe jedoch eine Gebühr an die Kirche zahlen. Auch der Grundherr erhob manchmal vom Bräutigam eine Gebühr, damit dieser seine Ehe vollziehen konnte. In solchen Gebühren, glaubt Abbot, „haben der Mythos der *jus primae noctis* und später das *droit du seigneur* ihren Ursprung".

Manche Obrigkeit besteuert aber auch wirklich alles …

„Beim Sturm auf die Bastille wurden hunderte politischer Häftlinge befreit!"

DER STURM AUF die Bastille am Tor Saint-Antoine in Paris am 14. Juli 1789 (daher, seit 1880, frz. Nationalfeiertag) symbolisiert den Beginn der Französischen Revolution. Die tatsächliche Anzahl der an diesem Tag befreiten Häftlinge ist allerdings sehr viel geringer, als die meisten von uns glauben: Zum damaligen Zeitpunkt waren gerade mal sieben Personen in dem Gebäude inhaftiert.

Vier der Insassen waren strafrechtlich verurteilte Geldfälscher, zwei andere psychisch labil. Einer von ihnen, Jean-Baptiste Tavernier, war auf Antrag seiner Familie in der Bastille untergebracht worden, weil das Gefängnis komfortabler war als eine Anstalt.

Ebenfalls auf Geheiß seiner Familie saß der siebte Insasse in der Bastille, der Graf de Solages. Der Graf war ein Freund des berüchtigten Marquis de Sade und wegen „scheußlicher Verbrechen, für die eine lebenslange Haft nicht zu hart war" eingesperrt worden, wie der französischer Historiker Guy Chaussinand-Nogaret in seinem Buch *La noblesse au XVIIIème siècle* schreibt.

Nach der Erstürmung der Bastille wurden die vier Fälscher erneut gefangen genommen und eingekerkert und die beiden Geistesgestörten in die Anstalt Charenton verlegt. Nur der Graf de Solages behielt seine Freiheit. Über ihn schreibt der Historiker Simon Schama in *Citizens*: „Er erhielt freie Unterkunft im Hôtel de Rouen … bevor er in der Stadt verschwand – sehr zum Bedauern seiner Verwandten."

„Die venezianischen Gondeln sind schwarz angestrichen, weil sie ursprünglich Opfer des Schwarzen Todes transportierten!"

DER SCHWARZE TOD wütete in Europa zwischen 1347 und 1351, doch es dauerte noch mehr als 200 Jahre, bis die Venezianer anfingen, ihre vormals farbenfrohen und prächtig geschmückten Gondeln schwarz zu streichen. Das Institut für den Erhalt der Gondeln und die Ausbildung der Gondolieri in Venedig betrachtet denn auch die „Legenden, die ihn [den schwarz gestrichenen Rumpf] auf das Gedenken an die Pest zurückführen, als unbegründet". Was also war der wahre Grund für den Farbwechsel der Gondeln?

Im sechzehnten und siebzehnten Jahrhundert wetteiferten die venezianischen Adeligen darum, wer von ihnen die am prächtigsten bemalte Gondel besaß. Die Verzierungen auf diesen Gondeln müssen dermaßen protzig geworden sein, dass laut dem Gondelbauer Thom Price „der Doge einen Erlass herausgab ... der besagte, dass alle Gondeln schwarz angestrichen werden müssten". Damit wurde der ganzen Angeberei ein Ende bereitet. Von der Regelung ausgenommen blieben einzig die Gondeln der Würdenträger.

Die schwarze Farbe hatte aber auch einen ganz praktischen Grund, wie Price erklärt: „Eine Gondel wurde mit Pech versiegelt, um sie wasserdicht zu machen, und da Pech schwarz ist, war es am einfachsten, das Boot schwarz zu streichen."

„Aus den Revolvern des Wilden Westens wurden sechs Schüsse abgefeuert!"

WENN MEIN VATER im Fernsehen Western anschaut, zählt er gern die abgefeuerten Schüsse, um zu überprüfen, ob keiner der Revolverhelden mehr als sechs Kugeln abfeuert, ohne nachzuladen. Es sieht jedoch ganz so aus, als ob die echten Wildwest-Schützen höchstens fünf Schüsse abfeuern konnten, bevor sie nachladen mussten.

Der noch heute berühmte Gesetzeshüter Wyatt Earp, der in die historisch belegte Schießerei am OK-Corral verwickelt war und 1928 von Stuart N. Lake interviewt wurde, erklärt warum: „Ich bin oft gefragt worden, warum ein erstklassiger Revolverheld nur fünf Schüsse abfeuern konnte, ohne nachzuladen, obwohl seine Waffen Kammern für sechs Patronen besaßen. Die Antwort ist ganz einfach: Sicherheit. Um sich vor einem versehentlichen Abfeuern des Revolvers zu schützen, während dieser im Halfter steckte, ruhte der Abzugshahn wegen der Stechereinstellung auf einer leeren Kammer."

Weil diese Revolver noch keine Sicherungsraste besaßen, konnte der geringste Stoß gegen den Hahn einer mit sechs Patronen gefüllten Waffe einen Schuss auslösen, wenn diese im Halfter steckte. Daher auch der Ausdruck „sich selbst in den Fuß schießen".

In seinem Buch *Popular Mechanic* bestätigt Cliff Gromer, dass es lebenswichtig war, nur fünf Ladungen Munition in die Trommel zu laden und die Waffe so zu tragen, dass der Hahn über einer leeren Kammer ruhte, weil original sechsschüssige Modelle keine Sicherungsraste hatten. Nur so ließen sich unbeabsichtigte Fehlschüsse vermeiden. Gromer weiß im Übrigen zu berichten, dass sich „Revolverhelden im alten Westen die lee-
re Kammer zunut-
ze machten und
einen zusammen-
gerollten 5-Dollar-
Schein hineinsteckten. Sollten sie bei einem Duell nur zweiter Sieger werden, konnten die Moneten für eine anständige Beerdigung verwendet werden."

DEM DAMALS GRÖSSTEN Passagierschiff der Welt, das bekanntlich
auf seiner Jungfernreise nach New York in der Nacht vom 14. auf den
15.4.1912 in der Nähe der Großen Neufundlandbank mit einem Eis-
berg zusammenstieß und in weniger als drei Stunden sank, wobei von
den 1308 Passagieren und 898 Mann Besatzung nur 703 gerettet werden konnten, haftet der Ruf an, von seinen Eignern im Vorfeld opti-
mistisch als „unsinkbar" gepriesen worden zu sein. Doch haben es die
Besitzer tatsächlich je so bezeichnet?

In *The Titanic* verweist Michael Davie auf eine im Jahr 1912 erschienene Broschüre von Sir Philip Gibbs mit dem heute makaber an-
mutenden Titel *The Deathless Story of the Titanic*, in der die Eigner zitiert werden, welche die wasserdichte Schottenunterteilung auf dem
Schiff als Grund dafür angeben, dass „das Schiff praktisch unsinkbar ist". In *Unsinkable* verweist der Historiker Daniel Allen Butler
auf einen Artikel „in der renommierten britischen Zeitschrift *Ship-
builder*", deren Autoren „die Schiffe als praktisch unsinkbar bezeich-
neten".

Das einschränkende Wort „praktisch" scheint aus der nachfolgenden *Titanic*-Literatur herausgestrichen worden zu sein – für pedanti-
sche Grammatiker ein Lehrbeispiel dafür, dass nähere Bestimmun-
gen gelegentlich besser beibehalten werden sollten …

„Die Hindenburg explodierte wegen Wasserstoffverbrennung!"

AM 6. MAI 1937 verbrannte der deutsche Zeppelin *Hindenburg* bei dem Versuch, an die Lakehurst Naval Air Station in New Jersey, USA, anzudocken.

Bis zu diesem Unglück genossen Verkehrsluftschiffe einen ausgezeichneten Ruf, was ihre Sicherheit anging. Sie konnten Flüge von fast einhundert Stunden Dauer bewerkstelligen.

In einem Korrespondentenbericht des *Manchester Guardian* aus jener Zeit heißt es, dass „in der Bar und im Raucherraum neun Tafeln hingen, auf denen frühere Leichter-als-Luft-Schiffe dargestellt waren, darunter der erste Zeppelin von 1900". So seltsam uns das heute vorkommen mag: der Zeppelin hatte tatsächlich einen Raucherraum, und nach dem Unglück machte sich die Welt über die Tollkühnheit der Zeppelinkonstrukteure lustig, welche ja explosiven Wasserstoff verwendet hatten, um dem Luftschiff Auftrieb zu geben. Dieser Spott war allerdings unangebracht:

Der NASA-Wissenschaftler Addison Bain und der Physiker Ulrich Schmidtchen verweisen dazu auf archivierte Briefe, die der Elektroingenieur Otto Beyerdorff zur Zeit der Untersuchung des Unglücks geschrieben hatte, und in denen es heißt: „Die eigentliche Ursache des Brandes war die äußerst leichte Entflammbarkeit des Materials der Außenhülle, die durch elektrostatische Entladungen verursacht wurde." Bain und Schmidtchen glauben, dass das Unglück nichts mit dem Vorhandensein von Wasserstoffgas an Bord des Luftschiffes zu tun hatte und sehen den Hauptgrund für das Unglück in den „chemischen und elektrischen Eigenschaften des Anstrichs der Außenhülle in Verbindung mit den besonderen Wetterbedingungen, die am Tag des Unglücks in Lakehurst herrschten".

Die Chemikerin Linda Williams stimmt dem zu. In *Chemistry Demystified* schreibt sie: „Statische Elektrizität hat den aluminiumhaltigen Lack der Stoffumhüllung des Luftschiffes in Brand gesetzt [und] zündete den darin enthaltenen Wasserstoff."

Bain und Schmidtchen weisen darauf hin, dass Wasserstoff im Vergleich zu anderen Gasen wie Erdgas oder Propan nicht problematischer ist und deshalb „auch die damit verbundenen Risiken nicht

71

größer sind". Die Konstrukteure der vom Unglück heimgesuchten *Hindenburg* (LZ 129) haben sich also nicht bei der Auswahl des Auftriebsmittels, sondern bei der Wahl des Anstrichmittels für die Hülle vertan.

Obwohl das katastrophale Unglück entsetzlich anzusehen war und 36 Menschenleben forderte, überlebten zwei Drittel der Passagiere und der Besatzung das Martyrium – viele, indem sie durch die Fenster sprangen, als sich das Schiff dem Erdboden näherte. Der Kapitän, Ernst Lehmann, murmelte, während er von der Unglücksstelle geführt wurde: „Ich kann es nicht verstehen!" Er starb am nächsten Tag. Der Luftschiffbau in Deutschland wurde nach der Zeppelin-Katastrophe eingestellt.

11. KAPITEL

FRAGWÜRDIGE ZITATE

„Während einer Rede in Berlin im Jahre 1963 erklärte sich John F. Kennedy peinlicherweise zum Marmeladenkrapfen!"

In einer seiner letzten *Letters-from-America*-Sendungen auf BBC Radio Four, erinnerte sich der verstorbene Radiokommentator Alistair Cook an die Geschichte von Kennedys angeblichem Patzer: „Ich verfolgte diese äußerst rührende Szene im Fernsehen und war, wie wahrscheinlich Millionen andere, erschrocken über das Geräusch, das aus der Menge kam. Es war ein unmittelbares, schallendes Gelächter, das innerhalb von zwei Sekunden in ein dröhnendes Meer von Applaus überging ... Was John F. Kennedy mit solcher Courage und Bestimmtheit verkündet hatte, war: ‚Ich bin ein Marmeladenkrapfen', oder wie er es wortwörtlich sagte: *‚Ich bin ein Berliner!'"*

Im Deutschen wird der unbestimmte Artikel bekanntlich weggelassen, wenn man erklären will, woher man kommt. Dies führte zu der Behauptung, Kennedy hätte sagen müssen „Ich bin Berliner." Aber weshalb hätte der amerikanische Präsident behaupten sollen, er stamme aus Berlin? Dem deutschen Linguistikprofessor Jürgen Eichhoff zufolge ist „‚Ich bin ein Berliner' ... die einzige korrekte Art, im Deutschen auszudrücken, was der Präsident sagen wollte" – nämlich nicht, dass er aus Berlin stamme, sondern, dass er sich mit den Berlinern solidarisch fühle.

Streng genommen ist es zwar möglich, den Satz „Ich bin ein Berliner" als „Ich bin ein Marmeladenkrapfen" zu verstehen. Doch wie Eichhoff sagt, ist *Sprachgefühl* ein wichtiger Teil des Sprachverständnisses. Seiner Meinung nach „gab es nicht den geringsten Anlass dafür, dass irgendjemand im Publikum ‚Berliner‘ als einen Marmeladenkrapfen interpretiert hätte" – zumal ein Marmeladenkrapfen in Berlin selbst nicht Berliner, sondern Pfannkuchen heißt.

Eichhoff weist darauf hin, dass die Rede des Präsidenten von Robert Lochner ins Deutsche übersetzt worden war. Lochner wuchs in Berlin auf, wurde später Chefdolmetscher für die US-Besatzungstruppen in Westdeutschland und Chefredakteur der *Neuen Zeitung* in Frankfurt. Lochner hatte den Satz auf dem Papier übersetzt und ihn mit Kennedy vor der Rede geprobt. Es ist unvorstellbar, dass er Kennedy solche Worte hätte sagen lassen, wenn daraus ein mögliches Missverständnis hätte entstehen können. Lochner selbst erklärte, dass Kennedys Aussprache zwar nicht perfekt war, „die Worte aber so einfach waren, dass sie jeder verstehen konnte".

Worauf aber bezog sich das verzögerte Gelächter, auf das Alistair Cook hinwies? Der wahrscheinliche Grund dafür ist, dass Kennedy einen Witz machte, der nur für sein Publikum hörbar war. Nachdem sein Dolmetscher es für nötig gehalten hatte, auch „Ich bin ein Berliner" ins Deutsche zu übersetzen, machte Kennedy eine kleine Pause und witzelte: „I appreciate my interpreter translating my German." („Es ist nett, dass mein Dolmetscher mein Deutsch übersetzt.") Genau diese Bemerkung rief das Gelächter hervor. Der Präsident beendete seine Rede mit einer Überarbeitung seines Berliner-Satzes: „Und deshalb bin ich als freier Mensch stolz darauf, sagen zu können ‚Ich bin ein Berliner‘." Die Hurrarufe und der Applaus der Zuschauermenge folgten sofort.

Das Märchen von der peinlichen Stille wurde wahrscheinlich im April 1988 durch einen Artikel in der *New York Times* in die Welt gesetzt, der den Titel trug „I Am A Jelly-Filled Doughnut" („Ich bin ein Marmeladenkrapfen"), und in dem behauptet wurde, dass sich die Zuschauermenge eher über den Satz als über den von Kennedy gemachten Witz amüsierte.

Sie können sich selbst ein Urteil bilden, indem Sie sich die Rede unter http://www.americanrhetoric.com/speeches/jfkichbineinberliner.html anhören.

> „Als man Marie Antoinette berichtete, die Leute hätten kein Brot mehr zu essen, sagte sie: ‚Dann sollen sie doch Kuchen essen‘!"

IN DEM IM Jahre 1736 geschriebenen sechsten Band seiner *Confessions* erklärt der französische Philosoph Jean-Jacques Rousseau: „Ich erinnerte mich an den gedankenlosen Ausspruch der großen Prinzessin, die, nachdem sie darüber informiert worden war, dass die Landbevölkerung kein Brot mehr hatte, antwortete: ‚Dann sollen sie doch Gebäck essen!‘"

Rousseau erwähnte Marie Antoinette nicht namentlich – wahrscheinlich, weil die 1755 in Wien geborene und 1793 in Paris enthauptete Marie Antoinette im Jahre 1736 minus neunzehn Jahre alt war, als Urheberin dieses Satzes also nicht in Frage kommt ...

Der Historikerin Lady Antonia Fraser zufolge war die fragliche Äußerung „hartherzig und ungebildet", und Marie Antoinette „war weder das eine noch das andere." In ihrer Biographie *Marie Antoinette* behauptet Fraser im Übrigen, der skandalöse Satz sei schon „einhundert Jahre vor ihr von Marie Thérèse, der Ehefrau Ludwigs XIV., geäußert worden".

Es scheint ohnehin, als habe der Satz *Qu'ils mangent de la brioche*, der allgemein mit „Dann sollen sie doch Kuchen essen" übersetzt wird, mehr Berühmtheit erlangt, als ihm eigentlich zusteht. Alan Davidson schreibt in *The Oxford Companion to Food*, dass „die Brioche des achtzehnten Jahrhunderts wenig gehaltvoll war (nur bescheidene Mengen Butter und Eier enthielt) und sich nur wenig von einem guten weißen Brotlaib unterschied".

> „Charles Darwin hat gesagt: ‚Der Stärkere überlebt‘!"

OBWOHL DARWIN OFT mit dem Satz „Der Stärkere überlebt" in Verbindung gebracht wird, erscheinen diese Worte in keinem seiner Werke. Der wahre Urheber des Ausdrucks war Herbert Spencer, ein englischer Soziologe und Philosoph des neunzehnten Jahrhunderts, der gemäß der *Encyclopaedia Britannica* „ein früher Befürworter der Evolutionstheorie" war. In *Equal Freedom and Utility* schreibt der Politikwissenschaftler David Weinstein, Spencer behaupte, dass „er der Erste war, der den Ausdruck ‚Der Stärkere überlebt' verwendet hat".

In der Tat erschienen diese Worte in Spencers *Prinzipien der Biologie* 1864 erstmals in gedruckter Form, fünf Jahre nach Darwins *Über den Ursprung der Arten.*

„Ein bisschen Wissen ist gefährlich!"

WIR WOLLEN DEN Wahrheitsgehalt dieser Aussage hier nicht bestreiten, aber besserwisserisch anmerken, dass der englische Dichter und Satiriker Alexander Pope in seinem 1711 erschienenem *Versuch über die Kritik* nicht vor einem bisschen Wissen (*a little knowledge*), sondern vor einem bisschen Lernen (*a little learning*) warnte: „Ein bisschen Lernen ist gefährlich."

„Greta Garbo hat nie gesagt: ‚Ich möchte allein sein'!"

IN IHRER 1990 erschienenen Autobiographie *Greta Garbo. Ihr Leben* beharrt die Diva darauf, ihre Erkennungszeile „Ich möchte allein sein" (*I want to be alone*) nie gesagt zu haben – sie habe lediglich gesagt: „Ich möchte in Ruhe gelassen werden." (*I want to be left alone.*)

Sieht man sich den 1932 erschienenen Film *Menschen im Hotel* an, hört man, dass die Garbo den Satz ziemlich klar ausspricht, und zwar nicht nur einmal, sondern bei drei Gelegenheiten.

In der Rolle der Russin Grusinskaya erfolgt die erste Äußerung nach vierunddreißig Minuten:

Theaterdirektor: Wer ist sie? Wo glaubt sie zu sein? In Russland? Oder?

Grusinskaya: Ich möchte allein sein. (*I want to be alone.*)

Theaterdirektor: Wo waren Sie? Ich nehme an, ich kann den Vertrag mit Wien rückgängig machen.

Grusinskaya: Ich möchte nur allein sein.

Und dann noch einmal nach vierzig Minuten:

> *Baron:* Ich gehe nicht. Du weißt, dass ich nicht gehe.
> Ich bleibe bei dir.
>
> *Grusinskaya:* Aber ich möchte allein sein.

Auch wenn die in Schweden geborene Garbo in diesem Film eine Russin spielt, spricht sie das Englische *‚want'* nicht als *‚vont'* aus, wie das Garbo-Imitatorinnen manchmal versuchen. Sie spricht das ‚W' deutlich und in korrektem Englisch aus.

Wenn die Garbo bestritt, diesen Satz jemals ausgesprochen zu haben und darauf beharrte, lediglich „Ich möchte in Ruhe gelassen werden" gesagt zu haben – und hinzufügte: „dazwischen liegt ein himmelweiter Unterschied" –, so hat sie mit dieser Aussage vielleicht eher einen Kommentar bezüglich ihres Privatlebens abgegeben als einen wörtlichen Bezug zu ihren Drehbuchtexten hergestellt.

„‚Es ist besser, geliebt und verloren zu haben, als nie geliebt zu haben' ist ein Hohelied auf die romantische Liebe!"

DER SATZ „ES ist besser, geliebt und verloren zu haben, als nie geliebt zu haben" stammt aus dem im Jahre 1850 veröffentlichten Klagegedicht *In Memoriam A. H. H.* des englischen Dichters und Dramatikers Alfred Tennyson. A. H. H. war jedoch keine Frau, sondern ein Kommilitone, nämlich der Essayist und Dichter Arthur Henry Hallam, den Tennyson am Trinity College in Cambridge kennen lernte.

Die *Encyclopaedia Britannica* beschreibt diese Freundschaft als „die engste Freundschaft in Tennysons Leben". Hallam sollte Tennysons Schwester Emily heiraten, doch verstarb er plötzlich im Alter von zweiundzwanzig Jahren.

Im Übrigen war Tennyson nicht der erste, der auf diesen bewegenden Gedanken kam. Einhundertfünfzig Jahre zuvor, im Jahre 1700, schrieb der englische Dramatiker William Congreve in seinem Stück *The Way of the World:* ‚Es ist besser, verlassen zu werden, als nie geliebt zu haben.'

12. KAPITEL

HISTORISCHE FIGUREN

„Abraham Lincoln war ein Abolitionist!"

Es trifft zu, dass es im Amerika der vierziger Jahre des neunzehnten Jahrhunderts eine Bewegung gab, die in der Sklaverei eine schändliche Verletzung der Menschenrechte sah, welche augenblicklich abzuschaffen sei (Abolitionismus). Abraham Lincoln, der 16. Präsident der USA (1861–65) war ein Gegner der Sklaverei, war aber kein Abolutionist. In seinem Buch *In Battle Cry of Freedom* zitiert der Historiker James M. McPherson Lincoln mit den Worten: „Die Verkündung von Abolitionsdoktrinen hat eher die Tendenz, das Übel [der Sklaven] zu vergrößern, als es zu lindern." Und auf einem in Henry Steele Commagers Buch *American Civil War* abgedruckten Wahlplakat aus dem Bürgerkriegsjahr 1864 wird Lincoln mit folgenden Worten zitiert: „Mein höchstes Ziel in diesem Kampf ist die Rettung der Union, nicht der Schutz oder die Vernichtung der Sklaverei."

Der frühere Redenschreiber des Präsidenten und politische Dozent James C. Humes bestätigt diese Tatsache in *The Wit and Wisdom of Abraham Lincoln*: „Auch als er [Lincoln] Republikaner wurde [1856], war er kein Abolitionist, obwohl er die Unterstützung der Abolitionisten akzeptierte."

Während einer Debatte im Jahre 1858 sagte Lincoln über schwarze Sklaven: „Er ist mir in vielerlei Hinsicht nicht ebenbürtig – gewiss nicht in der Hautfarbe, vielleicht nicht in den moralischen und intellektuellen Begabungen. Doch in Bezug auf das Recht, ohne einen anderen um Erlaubnis zu bitten, das Brot zu essen, das er mit seinen eigenen Händen verdient hat, ist er mir und … jedem Menschen ebenbürtig."

Vielleicht glaubte Lincoln, dass die Rassenintegration in der Mitte des neunzehnten Jahrhunderts nicht durchführbar war, oder er mochte als geschickter Politiker eine „gemäßigte", im Gegensatz zu

einer „radikalen" Position einge-
nommen haben, um Stimmen zu
gewinnen.

Der Pulitzer-Preis-Träger David Herbert Donald schreibt in
Lincoln Reconsidered, dass Lincoln „die Sklaverei für ein mo-
ralisches Unrecht" hielt und
sich „nicht sicher war, wie
man es wiedergutmachen
konnte", kommt aber zum
Schluss, dass der 1865 in
Washington ermordete
US-Präsident sicherlich
„kein Abolitionist war".

„Benjamin Disraeli war Großbritanniens einziger jüdischer Premierminister!"

BIS ZU SEINEM dreizehnten Lebensjahr war Benjamin Disraeli
(1804–81) Jude. Im Jahr 1813 entschied sein Vater aufgrund eines
Streits mit der Synagoge von Bevis Marks, dass Benjamin und seine
Geschwister als Christen getauft werden sollten. Vier Jahre später
wurde der junge Disraeli somit ein Anglikaner.

Bis 1858 waren Anhänger des jüdischen Glaubens vom englischen
Parlament ausgeschlossen, und so führte die rechtzeitige Entscheidung des Vaters dazu, dass Disraeli einen Karrierepfad einschlagen
konnte, der ihm ansonsten verwehrt geblieben wäre. Im Alter von
vierundsechzig Jahren wurde er britischer Premierminister.

Dem Biographen Robert Blake zufolge war Disraeli „fasziniert von
der Verbindung zwischen Judaismus und Christentum und sagte angeblich zu Königin Viktoria: ‚Ich bin das unbeschriebene Blatt zwischen dem Alten und dem Neuen Testament.'"

Genau genommen ist also bis zum heutigen Tage noch kein prakti-
zierender Jude Premierminister von Großbritannien geworden.

„Das amouröse Interesse Katharinas der Großen an Pferden bescherte ihr einen unglücklichen Tod!"

DER BIOGRAPH JOHN T. Alexander erklärt, dass nach dem Tod der russischen Kaiserin Katharina der Großen (1729–96) besonders in Frankreich Gerüchte die Runde machten, wonach „ihr immenses sexuelles Verlangen der Grund für ihren Tod war, der dadurch verursacht wurde, dass man ein Pferd zu abrupt auf sie herabließ".

In *Catherine the Great* stellt Alexander die Sache richtig: „Obwohl Katharinas sexuelles Verlangen zugegebenermaßen groß war, benötigte es nicht die Unterstützung der Bediensteten, und es bezog sich nicht auf Pferde." Und zu Katharinas Tod weiß er zu berichten, dass „die Kaiserin im Alter von siebenundsechzig Jahren einen Schlaganfall erlitt, während sie auf ihrem Toilettenstuhl saß, und zwei Tage später in ihrem Bett verstarb".

Carolly Erickson, Autorin von *Katharina die Große*, bestätigt die unglückliche Kette von Ereignissen, die zum Ableben der aufgeklärten und reformfreudigen Kaiserin führte: „Die Kammerzofe Zotov … ging zum Wasserklosett, das sich neben dem Hauptraum befand. Dort, auf dem Boden, lag die Kaiserin, ihre Robe unanständig zerknittert um ihre Beine herum, ihr Gesicht blutrot und ihre Haube schief auf dem Kopf."

Die für die Verbreitung des Gerüchts vom angeblichen Liebesspiel mit einem Pferd verantwortlichen Übeltäter waren wahrscheinlich französische Gegner der Monarchie. Alexander meint, ihr Ziel sei die Unterminierung von Katharinas Anspruch auf Größe gewesen. „Indem sie vehement behaupteten, ihre primäre Motivation sei zügelloser Sex gewesen [scheinbar im wahrsten Sinne des Wortes!], dessen Exzesse zu ihrem ungeheuerlichen Tod führten", waren sie zweifellos erfolgreich, denn das Gerücht von ihrer allzugroßen Pferdeliebe kursiert bis zum heutigen Tag.

> **„Hans Brinker war der mutige kleine Holländer, der Holland rettete, indem er seinen Finger in ein Loch im Deich steckte!"**

DIESES FURCHTLOSEN BURSCHEN wird im niederländischen Spaarndam mit einer Statue und folgender Inschrift gedacht: „Unserer Jugend gewidmet, um einen Jungen zu ehren, der Hollands ständigen Kampf gegen das Wasser symbolisiert." Es mutet etwas seltsam an, dass der junge Mann nicht namentlich erwähnt wird, das Wort „symbolisiert" immerhin wurde passend gewählt, denn die Geschichte von Hans Brinker ist weder wahr noch holländischen Ursprungs.

Die US-Autorin Mary Mapes Dodge stellte die Geschichte in dem 1865 erschienenen Kinderbuch *Hans Brinker, or the Silver Skates* als holländische Volkslegende dar, in der ein holländischer Junge das Gebiet vor Überflutung bewahrte, indem er seinen Finger in eine undichte Stelle im Deich steckte und trotz eines schweren Sturmes die ganze Nacht dort aushielt. Als Dodge den Roman schrieb, hatte sie die Niederlande noch nie besucht, und es scheint, als habe sie die Namen Hans und Gretel aus dem bekannten Märchen der Gebrüder Grimm entliehen. Als das Buch 1867 auch in einer niederländischen Übersetzung erschien, wurde es vom Verlag mit folgendem Vorbehalt angekündigt: „Diese niedliche Geschichte entspricht ganz und gar der Sicht der Autorin." In der Tat.

Doch warum errichteten die Holländer ein Denkmal, um einen nicht existierenden Volkshelden zu ehren? Es scheint, dass nach Spaarndam kommende ausländische Touristen, die das Buch von Mary Mapes Dodge gelesen hatten, enttäuscht waren, dort keinen Deich und keinen kleinen Holländer vorzufinden, und so gab das holländische Tourismusbüro 1950 eine Statue in Auftrag. Im Jahre 1954 schrieb die holländische Autorin Margreet Bruijn die Geschichte um.

Was die Rettung der Deiche anbelangt, so erklärt der holländische Ethnologe Theo Meder, dass die Küstenstädte in den Niederlanden hauptsächlich durch Dünen vom Meer geschützt werden, wohingegen Deiche im Inland zum Schutz vor Flüssen und Seen dienen: „Wenn das Wasser kommt, saugt sich der Lehm mit Wasser voll ... und die Deiche geben nach ... Ein Finger im Deich würde da kein bisschen helfen."

„Die englische Frauenrechtlerin Emily Davison warf sich unter das Pferd des Königs, um Märtyrerin ihrer Sache zu werden!"

AM 4. JUNI 1913 brachte die Frauenrechtlerin Emily Davison beim Epsom-Derby das äußerste Opfer und warf sich unter die Hufe von Anmer, dem Pferd von König George V. So oder ähnlich geht die Geschichte, obwohl nicht bewiesen ist, dass Davison beabsichtigte, sich zur Märtyrerin zu machen. Der Augenzeuge John Ervine berichtete, dass Emily zum Zeitpunkt des Vorfalls „ihre Hand hob, doch ob sie die Zügel festhalten oder sich selbst schützen wollte, das weiß ich nicht."

Ein Polizeibericht hält fest, dass in Emily Davisons Handtasche eine Rückfahrkarte nach Epsom und ein Taschenkalender mit Terminen für die nächste Woche gefunden wurden. In *Women's Lives Into Print* weiß Liz Stanley zu berichten, dass die Tasche außerdem „einen Helferpass für den Suffragetten-Basar in Kensington enthielt, der erst ... nach dem Derby stattfinden sollte" und dass Davison „ein Rennprogramm bei sich trug, auf dem sie ihre Favoriten angestrichen hatte". Stanley schließt mit der rhetorischen Frage: „Sich umbringen,

Wettkarten ausfüllen und Wetten dreißig Minuten vor dem eigenen Tod platzieren?"

Die bei der gerichtlichen Untersuchung festgestellte Beweislage ergab ähnlich starke Zweifel an der Wahrscheinlichkeit eines geplanten Selbstmords und so lautete das Urteil „Tod durch Unfall".

In *The Suffragette Movement* schrieb Davisons Mitstreiterin Sylvia Pankhurst, dass sie nicht an einen Selbstmord glaube und sich eher vorstellen könne, dass Emily einfach gehofft hatte, das Rennen durch ihre plötzliche Tat, „das bloße Schwenken der violett-weiß-grünen Fahne in Tattenham Corner", stoppen zu können. Darüber hinaus war sie der festen Überzeugung, dass Davison „nicht auf diese Weise gestorben wäre, ohne ihrer Mutter einen Abschiedsbrief geschrieben zu haben".

In *The Life and Death of Emily Wilding Davison* kommen die Biographinnen Ann Morley und Liz Stanley zu dem Schluss: „Sie wusste, sie könnte verletzt oder getötet werden, hoffte, dass dies nicht der Fall sein würde, nahm das Risiko aber willentlich in Kauf."

Emilys Rückfahrkarte ist in The Women's Library, Old Castle Street, in London, ausgestellt. Amateurfilmmaterial des Ereignisses kann unter www.firstworldwar.com/video/epromsuffragette.htm angeschaut werden.

„Hitler trank keinen Alkohol und war Vegetarier!"

AM 30. MAI 1937 war in einem Artikel der *New York Times* zu lesen: „Es ist allgemein bekannt, dass Hitler Vegetarier ist und weder trinkt noch raucht ... Sein Mittag- und Abendessen besteht ... aus Suppe, Eiern, Gemüse und Mineralwasser, obwohl er gelegentlich gern eine Scheibe Schinken isst." Vegetarischen Schinken vielleicht?

In *Das Leben und der Tod von Adolf Hitler* schreibt der Biograph Robert Payne, dass Hitler „häufig Bier trank und Wein verdünnte [und] eine besondere Vorliebe für bayerische Weißwurst hatte." Bier, Wein und Würste?

Salvatore Paolini, ein früherer Kellner Hitlers, bestätigt: „Generell aß er nie Fleisch ... doch er mochte durchaus Würste und Schinken." Und Dione Lucas, Hitlers Köchin während der späten dreißiger Jahre, gab an, sein Lieblingsgericht sei „gefülltes Täubchen" gewesen.

Hitler war offensichtlich die Geflügel essende, Würste und Schinken liebende Sorte von Vegetarier ...

„Admiral Nelson verlor ein Auge, trug eine Augenklappe und sagte: ,Ich sehe keine Schiffe!'"

IN *THE NELSON Encyclopaedia* weist der Historiker Colin White darauf hin, dass „ihn [Horatio Nelson] kein zeitgenössisches Porträt mit einer solchen Augenklappe zeigt und keine der vielen zeitgenössischen Beschreibungen seiner Erscheinung sie erwähnt" und erklärt, dass Nelson kein Auge, sondern „nur das Augenlicht verlor, und zwar als Folge einer inneren Verletzung, die er sich bei der Belagerung von Calvi auf Korsika im Juli 1794 zuzog, als ihn Schottergestein im Gesicht traf ... äußerlich war ihm nicht anzusehen, auf welchem Auge er erblindet war.'

Obwohl Nelson keine Augenklappe trug, um das erblindete Auge zu verbergen, trug er manchmal eine Augenklappe über dem gesunden Auge, um es zu schützen. Das war einerseits eine vernünftige

Vorsichtsmaßnahme, andererseits wurde es dadurch aber sicherlich schwierig, Dinge zu sehen. Bei White ist nachzulesen, dass Nelson eine „grüne ... Augenklappe aus Filz ... trug, um sein gesundes linkes Auge vor dem grellen Sonnenlicht zu schützen". Der Künstler Arthur Devis malte nach Nelsons Tod ein Porträt von ihm mit Hut und an der Krempe befestigter Augenklappe. Im Undercroft Museum in der Westminster Abbey kann man sich einen solchen Hut zusammen mit Augenklappe ansehen.

Während der Schlacht von Kopenhagen im Jahre 1801 ignorierte Nelson einen Befehl seines Oberbefehlshabers, das Gefecht gegen die dänische Flotte abzubrechen. Er soll das Teleskop vor sein blindes Auge gehalten und gesagt haben: „Ich sehe keine Schiffe!" Dies hätte angesichts der Tatsache, dass er sich mitten in einer Seeschlacht befand, sehr merkwürdig geklungen. In seinen 1845 erschienenen *Despatches and Letters of Nelson* enthüllt Oberst William Stewart, was Nelson tatsächlich sagte: „Ich sehe das Signal wirklich nicht!" Seine selektive Blindheit ermöglichte es Nelson, die Schlacht entgegen aller Befehle und Erwartungen fortzusetzen – und einen Sieg davonzutragen.

„George Washington hatte Zähne aus Holz!"

AUCH WENN DER erste Präsident der Vereinigten Staaten schlechte Zähne hatte und abenteuerliche Zahnprothesen tragen musste, ist die Sache mit den Zähnen aus Holz nicht mehr als eine Legende. Edward Tenner schreibt in seinem Buch *Our Own Devices*, er sei sich sicher, dass George Washington (1732–99) nie Zähne aus Holz getragen hat. Tenner zufolge bestanden die letzten Zahnprothesen des Präsidenten „aus Goldplatten, in die Nilpferdzähne, menschliche Zähne sowie Elefanten- und Nilpferdelfenbein eingelassen waren, mit einem Scharnier aus einer goldenen Feder." Es ist ein Bild überliefert, das eine von Washingrons Zahnprothesen zeigt. Sie ist aus einem Nilpferdzahn gefertigt; mit Goldnieten waren auf der Stütze auch menschliche Zähne befestigt; Washingtons letzter verbliebener Zahn, ein linker Backenzahn, fügte sich durch eine Öffnung in die Prothese ein.

Offensichtlich waren Washingtons Zahnprothesen so konstruiert, dass sein Mund gern aufsprang, wenn er sich entspannte. Auf Porträts macht er gewöhnlich eine strenge Miene, was wahrscheinlich darauf zurückzuführen ist, dass er darauf bedacht war, seine falschen Zähne zu verbergen.

Die untere Zahnprothese ist im Dr. Samuel D. Harris National Museum of Dentistry in Baltimore ausgestellt. Auch das Fraunces Tavern Museum in New York verfügt über Exemplare von Washingtons falschen Zähnen.

„John F. Kennedy kann unmöglich von einem einzigen Schützen mit zwei Schüssen ermordet worden sein!"

AM 22. NOVEMBER 1963 fiel Präsident John F. Kennedy in Dallas, Texas, einem Attentat zum Opfer. Dabei wurde auch der Gouverneur John B. Connally angeschossen. Abraham Zapruder hielt das Ereignis filmisch fest. Lee Harvey Oswald wurde für das Verbrechen verhaftet, jedoch erschossen, bevor er sich vor Gericht verantworten konnte.

Weil die erste Kugel nur Präsident Kennedy traf, wird die „Theorie der magischen Kugel", welche besagt, dass derselbe Schütze nochmals abgedrückt und mit seiner zweiten Kugel sowohl Kennedy als auch Connally getroffen habe, von vielen bezweifelt. Ein dritter Schuss soll von einem Grashügel vor der Wagenkolonne abgefeuert worden sein, was ebenfalls darauf schließen ließe, dass Oswald einen Komplizen hatte.

Der amerikanische Computeranimator Dale Myers hat das Attentat mehr als fünfundzwanzig Jahre lang untersucht und dazu eine dreidimensionale Computeranimation erstellt. „Man kann über alle möglichen Theorien reden", sagte er, aber „diese Sache ist nur auf eine einzige Art und Weise passiert".

Anders als in Oliver Stones Film von 1991 dargestellt, saß Gouverneur Connally ungefähr fünfzehn Zentimeter näher in Richtung Innenraum als Kennedy und zirka acht Zentimeter tiefer auf einem Klappsitz. Er hatte sich ganz nach rechts gedreht. Myers argumentiert, dass es in dieser Position durchaus möglich sei, mit einer einzigen Kugel beide Männer zu treffen, womit aus der „Theorie der magischen Kugel eine Tatsache" werde.

Der offizielle parlamentarische Untersuchungsausschuss, das *House Select Committee on Assassinations*, hörte 1979 die Aussagen von Wissenschaftlern, die behaupteten, der vom Polizeibeamten H. P. McLain angeblich zufällig mit einem Mikrofon aufgenommene akustische Beweis weise mit hoher Wahrscheinlichkeit auf einen Schuss hin, der vom Grashügel aus abgefeuert worden sei.

Auch diese Theorie widerlegt Myers anhand einer Computeranimation: „H. P. McLain konnte nicht dort gewesen sein, wo die akustischen Auswertungen den Beweis führen wollten. Deshalb ist der akustische Beweis ungültig." McLain selbst bestätigt dies, wenn er über die akustische Aufnahme sagt: „Mir ist egal, was man berichtet. Es war nicht meine [Aufnahme]."

Was schließlich die Andeutungen darüber anbelangt, Oswald sei ein nur mittelmäßiger Schütze gewesen, so belegen die Schießscheiben aus seiner Zeit bei den Marine Corps eine hervorragende Trefferquote auf 200 Meter – doppelt so weit, wie die Entfernung vom Schulbuchlager zum Fahrzeug Kennedys.

13. KAPITEL

ERFINDUNGEN, ERRUNGENSCHAFTEN

UND ENTDECKUNGEN

„Der erste Europäer, der Australien entdeckte, war Kapitän Cook!"

AUF DER ERSTEN seiner drei Weltumsegelungen (1768–79) erkannte der britische Seefahrer James Cook, dass Neuseeland eine Doppelinsel ist und ging in „New Holland", wie er es in seinem Logbuch nennt, an Land (schon aus diesem Eintrag lässt sich schließen, dass er nicht der erste Europäer gewesen sein kann, der dort ankam). Dort fand er „Kängurus, wie sie die Einheimischen nennen, in Hülle und Fülle. Wir sahen etliche am Endeavour-Fluss, haben aber nur drei getötet und fanden sie sehr schmackhaft."

Es war der holländische Forschungsreisende Willem Janszoon, der die australische Küste im Jahre 1606 als Erster entdeckte – mehr als einhundertfünfzig Jahre bevor Cook dort ankam. In *Die Entdecker* beschreibt der Historiker Daniel J. Boorstin, wie danach „Abel Tasman 1642 ... von Anton van Diemen, dem Generalgouverneur von

Niederländisch-Ostindien, beauftragt wurde, das ‚große südliche Land' zu erkunden". Tasman nannte ein von ihm entdecktes Gebiet nach seinem Schirmherren „Van-Diemens-Land", dieses wurde dann 1856 in Tasmanien umbenannt.

Es gab also zahlreiche Europäer, die es vor Cook bis Australien geschafft haben, ja, Cook war noch nicht einmal der erste Engländer, der Australien erreichte. Tim F. Flannery, Professor für australische Studien, schreibt in seinem Buch *The Explorers*, dass es der englische Abenteurer William Dampier war, der „den ersten ausführlichen Bericht über das große südliche Land und seine Bewohner auf Englisch lieferte, als er im Januar 1688 an der nordwestlichen Küste Australiens an Land ging", also achtzig Jahre vor Cook, der dann am 14. Februar 1779 auf Hawaii erschlagen wurde.

„Die moderne Toilette mit Spülkasten wurde von Thomas Crapper erfunden!"

THOMAS CRAPPER STAMMTE aus Thorne in der Nähe von Doncaster und ging in der später dann von London eingemeindeten Stadt Chelsea bei einem Klempner in die Lehre. Aus bescheidenen Anfängen heraus baute er sein eigenes Klempnerunternehmen auf – Thos Crapper & Co. – und wurde, wie Adam Hart-Davis in *Thunder, Flush and Thomas Crapper* berichtet, später „von der königlichen Familie angestellt, als diese in den achtziger Jahren des neunzehnten Jahrhunderts Sandringham House renovieren ließ". Trotz seines Erfolges

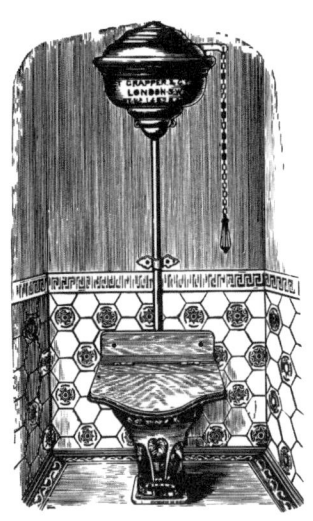

im Klempnergeschäft war Crapper aber nicht der Erfinder des modernen Wasserklosetts. „In den achtziger Jahren des neunzehnten Jahrhunderts", so Hart-Davis, „wurden jedes Jahr ungefähr zwanzig verschiedene Arten von Spülsystemen patentiert – doch keines stammte von Thomas Crapper."

Primitive Toiletten waren bereits um 1770 von Alexander Cumming und Joseph Bramah erfunden und hergestellt worden, doch es war ein gewisser Joseph Adamson, der sich 1853 den ersten Spülkasten patentieren ließ.

In *W. C. Privy's Original Bathroom Companion* schreibt der Autor Jack Mingo: „Im Jahre 1596 erlaubte Königin Elizabeth I. ihrem Patensohn Sir John Harrington, ein von ihm erfundenes Wasserklosett in ihrem Domizil einzubauen." Die Queen habe dies jedoch bereut, nachdem Harrington „eine kleine Werbebroschüre darüber veröffentlichte und die Toilette der Königin damit zur Zielscheibe zahlreicher Witze machte."

Mary, meine Beste, hast du schon das Neuste von der Toilette der Königin gehört ...?

„Newton entdeckte das Gesetz der Schwerkraft, als ihm ein Apfel auf den Kopf fiel!"

DASS DEM ENGLISCHEN Physiker Sir Isaac Newton (1643–1727) ein Apfel auf den Kopf gefallen sei, wird von keinem seiner Zeitgenossen erwähnt. Newtons Biograph William Stukeley hielt 1726 lediglich fest, dass die Vorstellung über die Gravitation in Newtons Kopf „durch den Fall eines Apfels verursacht wurde, als er in Gedanken versunken da saß". Ein weiterer Zeitgenosse, der Wissenschaftler Henry Pemberton, berichtet: „Als er [Newton] allein im Garten saß, stellte er Vermutungen über die Schwerkraft an" – weder ein Apfel noch irgendeine andere Frucht wird im Zusammenhang mit Newtons Erleuchtung erwähnt.

Richard S. Westfall zitiert in *Never At Rest* Newtons Nichte, Mrs. Conduitt, die beschrieb, wie es dem im Garten grübelnden Newton „in den Sinn kam, dass die Schwerkraft (die einen Apfel vom Baum auf den Boden brachte) nicht auf eine bestimmte Entfernung von der Erde beschränkt war, sondern dass diese Kraft viel weiter reichen musste, als bisher angenommen".

Westfall meint, die Apfel-Anekdote mache „die universelle Gravitation allgemein verständlich", und weist darauf hin, dass „die Geschichten um den Apfel und das Gesetz der Schwerkraft alle aus einer Zeit stammen, als er [Newton] schon hochbetagt war".

Der Wissenschaftler Michael White geht noch einen Schritt weiter. In seinem Buch *Isaac Newton* schreibt er, dass die Apfelgeschichte „mit ziemlicher Sicherheit ein Lügenmärchen ist, ... das die Tatsache verdrängen sollte, dass ein Großteil der mit der Gravitationstheorie verbundenen Ideen von seiner [Newtons] nachfolgenden alchemistischen Arbeit stammten".

Während die bahnbrechende Gravitationstheorie Newton wahrscheinlich nicht ganz so einfach in den Sinn gekommen ist, wie es die Apfelgeschichte darstellt, ist die Anekdote selbst vermutlich schon zu Lebzeiten Newtons erzählt worden.

„Nylon erhielt seinen Namen, weil es gleichzeitig in New York und London erfunden wurde!"

DASS DIE ERSTE vollsynthetische Faser gleichzeitig in New York (NY) und London (LON) erfunden und nach diesen beiden Städten benannt worden sei, ist eine ebenso hübsche wie unwahre Geschichte. Die wahre Geschichte der Namensfindung ist komplizierter:

Die Erfindung der durch Kondensation von Adipinsäue mit 1,6-Hexamethylendiamin hergestellten Polyamidfaser (Nylon 66) wurde von der amerikanischen Firma DuPont in den dreißiger Jahren bekannt gegeben. Weil man von den Frauen schlecht verlangen konnte, in den Geschäften nach Hexamethylendiamin Adipamid zu fragen, sollte das neue Produkt zunächst den Namen „No-Run" (keine Laufmaschen) bekommen. Auch dieser Markenname stellte sich – „aufgrund von Tests, die zeigten, dass bei der Faser 66 sehr wohl Laufmaschen auftraten", so die Textilfachfrau Susanna Handley in ihrem Buch *Nylon* – als eher unzutreffend heraus und wurde deshalb rückwärts buchstabiert: „Nuron". Das wiederum klang sehr nach einem Nerventonikum, und so wurde über ‚Nulon' und ‚Nilon' schließlich der Name „Nylon" gefunden. Sicher haben bei DuPont in jenen Tagen einige Köpfe geraucht ...

Susanne Handley weist interessanterweise darauf hin, dass das Wort „Nylon" zum Gattungsnamen für Polyamidfasern wurde, „von DuPont jedoch nie als Markenname patentiert wurde".

„Die Dampfmaschine wurde von James Watt erfunden!"

EIN ALTER STICH von James Scott mit dem Titel *Watt's First Experiment With Steam* (Watts erstes Experiment mit Dampf) zeigt James Watt als Kind beim Beobachten eines Wasserkessels. Mrs. Campell, James Watts Kusine und Weggefährtin, berichtete in ihren Notizen von 1798: „Als James eines Abends mit seiner Tante, Mrs. Muirhead, beim Abendessen saß, sagte sie: ‚James Watt, ich habe noch nie einen solch untätigen Jungen gesehen; nimm ein Buch oder beschäftige dich sinnvoll; in der letzten Stunde hast du nicht ein einziges Wort gesprochen, sondern nur den Deckel von diesem Kessel da genommen und wieder daraufgesetzt, hältst mal eine Tasse und mal einen silbernen Löffel über den Dampf und beobachtest, wie er aus dem Schnabel steigt und fängst die heißen Wassertropfen auf, die daraus werden. Schämst du dich nicht, deine Zeit so zu verbringen?'"

Obwohl nicht bewiesen werden kann, ob der junge James Watt tatsächlich von dem auf dem Herd stehenden Wasserkessel besessen war, spielte Watt zweifelsohne in seinem späteren Leben eine Schlüsselrolle bei der Entwicklung der Dampfkraft.

Die Ehre für die Entwicklung der ersten funktionsfähigen Dampfmaschine gebührt wahscheinlich dem französischen Physiker und Mathematiker Denis Papin, der 1690 auf der Grundlage des von ihm 1681 in London konstruierten Druckkochtops eine Dampfmaschine baute, die allerdings noch nicht sehr leistungsfähig war, weil sich die Aufundabbewegung des Kolbens nicht in eine Drehbewegung verwandeln ließ. Der Engländer Thomas Newcomen baute seine erste Maschine 1712 in Staffordshire – vierundzwanzig Jahre bevor Watt (1736–1819) überhaupt geboren wurde.

In *Power From Steam* berichtet Richard L. Hills, dass Newcomens Maschine „bis zu James Watts wichtiger Erfindung praktisch unverändert blieb", und meint, dass, „als Professor James Anderson James Watt bat, das Modell einer atmosphärischen Maschine zu reparieren, keiner sich vorstellen konnte, ... dass dies ein Wendepunkt in der Kulturgeschichte werden würde".

Im Jahre 1763 begann Watt an Newcomens Modell Verbesserungen vorzunehmen, indem er den Abkühlvorgang des Dampfes aus dem Zylinder heraus in einen separaten Kondensator verlagerte, wodurch die Maschine heiß blieb und der Kraftstoffverbrauch gesenkt wurde. 1769 ließ Watt seine getrennte Kondensatorkammer für die Dampfmaschine patentieren, und die Industrielle Revolution begann.

„Das Telefon wurde von Alexander Graham Bell erfunden!"

DER PHYSIKER TONY Rothman berichtet in seinem Buch *Everything's Relative*, dass sich der deutsche Physiker Johann Philipp Reis im Jahre 1861 und damit „ein gutes Jahrzehnt vor Bell an der elektrischen Stimmenübertragung versuchte" und ein Gerät baute, das „Telefon" genannt wurde. John Bankston unterstützt diese Ansicht in *Alexander Graham Bell and the Story of the Telephone* und beschreibt das Reis-„Telefon" als ein Gerät, „das elektrische Töne durch Drähte übertragen kann".

John Liffen, Kurator für Kommunikation am Science Museum in London, stieß im Jahre 2003 auf Dokumente, aus denen hervorgeht, dass die amerikanischen Telefongesellschaft STC (Standard Telephones and Cables) 1947 ein „Telefon" von Johann Philipp Reis aus dem Jahre 1863 getestet und für fähig befunden hatte, Sprache in guter Qualität, doch mit geringer Leistungsfähigkeit zu übertragen und zu reproduzieren. Liffen folgert daraus: „Wenn mit Telefon ein Gerät gemeint ist, mit dem man über eine Entfernung miteinander kommunizieren kann, die größer ist als die des menschlichen Gehörs, dann hat Reis tatsächlich das Telefon erfunden."

Gemäß Richard Grigonis, dem Autor von *Voice over DSL*, waren die ersten von Reis in sein „Telefon" gesprochenen Worte „Ein Pferd isst keinen Gurkensalat" – was sicherlich origineller war als die Worte, die Graham Bell am 10. März 1876 im Haus Exeter Place 5 in Boston, Massachusetts seinem Assistenten übers Telefon zurief: „Watson, kommen Sie her, ich brauche Sie".

Bei Grigonis ist auch nachzulesen, dass zwölf Jahre bevor Johann Philipp Reis das Telefon erfand, der italienische Erfinder Antonio Meucci einen – wie er es nannte – „sprechenden Telegraphen" entwarf, den er 1849 in Havanna baute. John Bankston bekräftigt dies und schreibt, dass „viele Leute glauben, die Ehre [für die Erfindung des Telefons] gebühre Antonio Meucci". Und die Resolution 269 des amerikanischen Kongresses vom 11. Juni 2002 „drückt die Empfindung des Repräsentantenhauses aus, das Leben und die Leistungen des Antonio Meucci, italo-amerikanischer Erfinder des neunzehnten Jahrhunderts, und seine Arbeit hinsichtlich der Erfindung des Telefons zu ehren ... [er arbeitete] mit unendlichem Eifer an ... der Erfindung, die er später das ‚Teletrofono' nannte, und die sich mit elektronischer Kommunikation beschäftigte."

Weder Reis' noch Meuccis Prototypen setzten sich durch und wurden größtenteils vergessen. Liffen betont betont denn auch, dass „der Vorgang des Erfindens nicht bei der erfolgreichen Vorführung aufhört und es Bell und seine Partner waren, die das Telefon zu einem praktischen und kommerziellen Erfolg machten".

Bereits im Jahre 1877 wurde in Berlin die erste europäische Telefonverbindung hergestellt.

„Thomas Edison erfand das elektrische Licht!"

DIE ENTWICKLUNG DES elektrischen Lichts war vielleicht mit Thomas Edison abgeschlossen, aber sie begann mit Sir Humphry Davy und verdankt so einiges vielen unbesungenen Helden zwischen diesen beiden.

Edisons Biograph Frank Lewis Dyer schreibt, dass „alles zurückgeht auf die großartigen Vorführungen von Sir Humphry Davy zir-

ka 1809–10", der „mit dem Strom aus einer aus zweitausend Zellen bestehenden Batterie einen intensiven Lichtbogen zwischen den Enden glühender Holzkohlestäbchen erzeugte".

Ira Flatow, berichtet in *They All Laughed: From Light Bulbs to Lasers*, dass „in den siebziger Jahren des neunzehnten Jahrhunderts mindestens drei oder vier ernsthafte Erfinder in England, Frankreich und den Vereinigten Staaten an der Glühlampe arbeiteten." Dazu gehörten Heinrich Göbel, der eine funktionierende Glühbirne baute, sowie Sir Joseph Swan, der, wie Flatow aufzeigt, „eine Glühlampe konstruierte, bei der er Kohle in Form eines Zylinders verwendete".

Flatow zufolge gab Edison zu, einen Artikel von Joseph Swan gelesen zu haben, in dem dieser ausführlich über seine Entdeckungen berichtete. Das hatte zur Folge, dass „Swan-Verteidiger behaupten, Edison habe die Idee von Swan gestohlen, [während] Edison-Unterstützer behaupten, Edison habe den Artikel erst nach Entwicklung seines eigenen Kohlefadens gelesen.'

Womit Thomas Alva Edison 1879 letztlich dastand, war die kommerziell rentable „moderne Edison-Glühlampe" – unsere gute alte Glühbirne.

„Magellan hat als Erster die Erde umsegelt!"

DER PORTUGIESISCHE SEEFAHRER und Forschungsreisende Fernão de Magalhães oder Ferdinand Magellan (um 1480–1521) umsegelte die Erde vielleicht im Geiste, nicht aber in Wirklichkeit.

Im August oder September 1519 verließ Magellan Sevilla mit 260 Mann und einer Flotte von fünf Schiffen, entdeckte im Oktober 1520 die nach ihm benannte Magellanstraße und segelte in den Pazifischen Ozean (den er so nannte, weil er so still und friedlich war). Mit den ihm verbliebenen drei Schiffen erreichte Magellan am 6.3.1521 die

Ladronen (Marianen) und am 16.3.1521 die Lazarusinseln (Philippinen), wo er am 27.4.1521 bei einem Kampf mit Eingeborenen auf der Mactan-Insel getötet wurde – ein Jahr und fünf Monate bevor die erste Weltumsegelung vollbracht gewesen wäre.

Magellans Reisegefährte Antonio Pigafetta schrieb am 27. April 1521 in sein Bordbuch: „Einer von ihnen [den Eingeborenen] verwundete ihn [Magellan] am linken Bein mit einem großen Entermesser, das einem Krummschwert ähnelt, nur größer ist. Daraufhin fiel der Kapitän vornüber, und schon stürzten sie sich auf ihn mit Eisen- und Bambusspeeren und mit ihren Entermessern, bis sie unser Ebenbild, unser Licht, unseren Trost und unseren wahren Führer getötet hatten."

Pigafetta kehrte am 6. September 1522 nach Spanien zurück. Er war einer von nur achtzehn Überlebenden der Magellanschen Mannschaft, die es geschafft hatten, auf dem einzigen verbliebenen Schiff, der *Victoria*, dank der Fähigkeiten „des baskischen Seefahrers Juan Sebastián de Elcano (del Cano) heimzukehren" – womit Magellans Reisegefährte und Nachfolger de Elcano der Erste ist, der die Welt tatsächlich umsegelt hat.

„Dr. Guillotin erfand die Guillotine!"

EIGENTLICH WÜRDE MAN das Gegenteil erwarten, doch Dr. Joseph-Ignace Guillotin (1738–1814) war ein zuvorkommender Menschenfreund. Er erfand das Hinrichtungsgerät der Französischen Revolution nicht, sondern gab ihr lediglich seinen Namen.

In *The Days of the French Revolution* weist Christopher Hibbert darauf hin, dass solche Enthauptungsgeräte zur Zeit der Französösischen Revolution bereits in Deutschland und Italien existierten, „ebenso in Yorkshire/England, wo sie als Fallbeil von Halifax bekannt waren, und in Schottland, wo man sie ‚die Jungfrau‘ nannte".

Der *Encyclopaedia Britannica* ist zu entnehmen, dass die französische Version des Fallbeils, durch das mittels eines in Führungsschienen schnell herabfallenden Beils der Kopf vom Rumf getrennt wird, zunächst Louisette oder Louison genannt wurde, nach dem französischen Chirurgen Antoine Louis, der sie entworfen hatte. Zwei zirka vier Meter hohe Pfosten wurden durch eine Querstange am oberen Ende miteinander verbunden und auf eine Plattform montiert. Die Innenkanten des Gerätes wurden mit Talg eingefettet. Die gerade oder halbmondförmige Schneide wurde beschwert und mit Seil und Rollensystem betrieben. Später wurde die gerade oder gekrümmte Schneide durch eine abgeschrägte ersetzt.

Im Jahre 1789 beantragte der Pariser Arzt und Abgeordnete Dr. Joseph-Ignace Guillotin in der Assemblée Constituante, aus humanitären Gründen sei zur Vollstreckung von Todesurteilen generell nur noch das Fallbeil zu verwenden, damit, so die *Encyclopaedia Britannica*, „das Privileg der Hinrichtung durch Enthauptung nicht nur den Adeligen vorbehalten blieb". Guillotin selbst lehnte die Todesstrafe ab und hoffte, dass eine humanere Hinrichtungsmethode der erste Schritt zur Abschaffung dieser Unsitte wäre.

Verständlicherweise waren die Nachkommen von Dr. Guillotin nicht besonders glücklich darüber, dass das Fallbeil in der Folge den Namen ‚Guillotine‘ bekommen hatte: sie änderten ihren Nachnamen.

Nach 1798 wurde die Guillotine als Fallbeil auch in mehreren deutschen, von Frankreich annektierten Ländern eingeführt.

14. KAPITEL

SÄUGETIERE

„Fledermäuse sind blind!"

DIE TATSACHE, DASS Fledermäuse zur Orientierung eine Echo-Ortung verwenden, bedeutet nicht, dass sie nichts sehen können, sondern dass sie nachts nicht alles sehen können, obwohl sie nachtaktiv sind. In *Owls Aren't Wise and Bats Aren't Blind* schreibt der Naturkundler Warner Shedd, dass „keine Fledermaus blind ist und die meisten sogar ganz gut sehen können". Weil aber auch eine gute Nachtsicht an ihre Grenzen stößt, so Shedd, „verlassen sich Fledermäuse stattdessen auf ein höchst bemerkenswertes System, das sich Echo-Lokation nennt und Radar- und Sonarsystemen ähnelt".

In *Bats of the World* widerspricht auch Dr. Gary L. Graham der Ansicht, Fledermäuse seien blind: „Alle Fledermäuse können sehen, und viele haben sogar ein ausgezeichnetes Sehvermögen." Und in der *Encyclopaedia Britannica* steht: „Die Fledermäuse der Alten Welt [Megachiroptera] ... verlassen sich eher auf ihr Sehvermögen als auf die Echo-Ortung, um Hindernissen auszuweichen."

„Milch ist gut für Katzen!"

DIE TIERCHIRURGIN AILEEN Brown von der Caledonian Cat Clinic in Edinburgh warnt, dass „einige [Katzen] nicht in der Lage sind, Laktose zu verdauen, also Zucker, der in Kuhmilch enthalten ist", was dazu führt, dass die armen Tiere Durchfall bekommen. Es sind zwar speziell für Katzen entwickelte Milchprodukte erhältlich, aus denen die Laktose entfernt worden ist, Brown rät jedoch, Milch nur als „gelegentlichen Genuss und nicht als regelmäßige Nahrungsergänzung für die Katze" zu betrachten.

In ihrem *Guide To a Healthy Cat* schreibt auch Dr. Elaine Wexler-Mitchell, dass Katzen zwar „den Geschmack von Kuhmilch mögen, jedoch ziemlich Laktose-intolerant sind." Mehr als ein oder zwei Schlückchen, so die Tierärztin, „verursachen gewöhnlich Durchfall, weil Katzen das zum Verdauen des Zuckers aus Kuhmilch erforderliche Enzym fehlt."

Ihr Kollege Dan Rice geht in *The Complete Book of Cat Breeding* noch einen Schritt weiter und ermahnt Katzenbesitzer, dass „Milch nie Teil der Katzenernährung sein sollte. Sie ist gefährlich, auch wenn sie nur in kleinen Mengen gefüttert wird."

Wenn Ihre Katze also das nächste Mal in der Hoffnung auf ein Schüsselchen kremiger Kuhmilch um Ihre Beine streicht, ist es wahrscheinlich besser, hart zu bleiben und das klagende Miauen zu ignorieren ... (Übrigens gilt dasselbe für kränkliche Igel, die mehr von einer schönen Dose Hundefutter haben als von einem Teller Durchfall verursachender Milch mit Brot.)

„Lemminge begehen Massenselbstmord!"

ES IST EIN weitverbreiteter Mythos, dass Lemminge massenweise depressiv werden und sich auf selbstmörderische Weise freiwillig ins Meer stürzen. Wahrscheinlich geht das Vorurteil auf den Disney-Film *Abenteuer in der weißen Wildnis* von 1958 zurück, der Teil der *True-Life-Adventure*-Serie war, und in dem der Erzähler beschrieb, wie „eine Art Zwang jeden winzigen Nager ergreift und – getragen von einer unbegründeten Hysterie – jeder sich zu einem Marsch in Bewegung setzt, der sie einem ungewöhnlichen Schicksal entgegenführt".

Diese Behauptung ist ziemlich verwegen angesichts der Tatsache, dass noch nie ein überzeugender Beweis dafür erbracht worden ist, dass Lemminge zu solch bizarrem Verhalten neigen.

In *Mammals of North America* beschreiben Roland W. Kays und Don E. Wilson, wie eine Population von Lemmingen „in guten Jahren explodieren kann und viele Tiere dabei beobachtet werden, wie sie über die offene Tundra rennen und übervölkerte Gebiete verlassen". Ihrer Meinung nach hat dieses ungewöhnliche Bild „zu dem Märchen von den selbstmörderischen, von Klippen springenden Lemmingen geführt".

Die *Encyclopaedia Britannica* bietet eine ähnliche Erklärung an: Wenn es innerhalb der Kolonie zu einer Übervölkerung kommt, „wandern Lemminge wahrscheinlich ab", und einige „ertrinken vielleicht, wenn die schiebende Kraft der Massen hinter ihnen sie ins Meer stößt".

Es sieht also ganz danach aus, als wären die pelzigen, hamsterähnlichen Lemminge nicht die depressivsten Säugetiere auf diesem Planeten, als die sie gerne dargestellt werden.

„Gorilla-Männchen haben eine haarige Brust!"

EINE STARK BEHAARTE menschliche Brust wird gelegentlich mit der eines Gorillas verglichen. Und tatsächlich bedeutet „Gorilla" auch „haarige Person". Andererseits scheint die Natur bei Menschen und Gorillas auf genau gegensätzliche Art zu funktionieren: Wie Dr. J. Bryan Carroll, der stellvertretende Direktor des Zoos in Bristol, erklärt, „haben junge Gorillas ... Haare auf ihrer Brust [wohingegen] ... erwachsene männliche Gorillas eine haarlose Brust haben".

In *Gorillas* präzisiert Seymour Simon, dass „ein erwachsener Gorilla Haare am ganzen Körper hat, außer im Gesicht, auf der Brust, auf den Handflächen und an den Fußsohlen".

„Wale blasen Wasser aus Blaslöchern!"

„FRÜHERE WALFÄNGER GLAUBTEN, das Blasen der Wale wäre ein Wasserstrahl, doch in Wirklichkeit ist es eine Wolke aus feuchter, verbrauchter Luft, die der Wal aus seinen Lungen drückt", korrigiert die Walexpertin Cynthia D'Vincent in ihrem Buch *The Whale Family Book* einen alten Irrglauben. Aus dem Buch *The Blue Whale* von Christine Corning Malloy erfahren wir, dass die völlig dem Wasserleben angepassten, aber lungenatmenden Wale durch zwei Spritz- oder Nasenlöcher atmen, die sich auf der Oberseite ihrer Kopfes befinden: „Der Wal bleibt zwei bis sechs Minuten an der Wasseroberfläche und alle zehn bis zwanzig Sekunden bläst er verbrauchte Luft aus und atmet frische Luft ein ... Wenn die Feuchtigkeit in der warmen, ausgeatmeten Luft auf die kalte Meeresluft trifft, entsteht Wasserdampf, der in einer spektakulären schlanken Säule aufsteigt, die ‚Blas' genannt wird."

„Ein Hundejahr entspricht sieben Menschenjahren!"

DER SIEBENUNDZWANZIGJÄHRIGE BORDERCOLLIE Bramble aus Bridgwater im englischen Somerset war einer der ältesten Hunde weltweit. Nach der oben genannten Berechnungsmethode müsste er das hohe Alter von 189 Jahren erreicht haben, doch die Hundezüchterin Yvonne Kejcz schreibt in ihrem *Guide to Owning an Ageing Dog*, dass „diese Gleichung [heutzutage] nicht mehr als gültig angesehen wird".

Auch der Tierarzt David Brunner widerspricht in seinem *Dog Owner's Manual* dem verbreiteten Irrglauben, Hunde würden in jedem Kalenderjahr sieben Menschenjahre altern: „In den ersten beiden Jahren ihres Lebens altern Hunde sehr viel schneller." Tatsächlich hängt die Alterungsrate bei Hunden von der Rasse und der Größe ab. Brunner: „Nach den ersten beiden Jahren geht das Verhältnis zurück auf fünf zu eins bei kleinen und mittleren Rassen. Bei großen Rassen beläuft es sich auf sechs zu eins und bei den größten auf sieben zu eins. Also wäre eine Deutsche Dogge im Alter von zehn Jahren achtzig Jahre alt, während ein Mops erst vierundsechzig wäre."

In ihrem Buch *The Good Life: Your Dog's First Year* weisen auch Mordecai Siegal und Matthew Margolis darauf hin, dass die Sieben-zu-eins-Hundeformel aus einer Reihe von Gründen nicht funktioniert – unter anderem, weil „nicht berücksichtigt wird, dass das erste Jahr eines Hundelebens den ersten achtzehn Jahren eines Menschenlebens entspricht".

Bardi McLennan führt in *Puppy Care and Training* eine neue Formel für die Berechnung des Hundealters im Vergleich zum Menschenalter an: „Ein Hundejahr entspricht fünfzehn Menschenjahren; zwei Hundejahre entsprechen vierundzwanzig Menschenjahren. Zu den folgenden Hundejahren zähle jeweils bei den Menschenjahren vier dazu."

Obwohl diese neue Formel ein bisschen schwierig zu merken ist, erleichtert sie Bramble um etliche Jahre und bringt ihn auf spritzige 124 Jahre anstelle der 189, die sich aus der alten Formel ergaben
.

„Pandas gehören zur Familie der Waschbären und sind Vegetarier!"

MAN MAG ES kaum glauben, aber die Wissenschaft war sich mehr als ein Jahrhundert lang nicht einig, ob der Panda zur Familie der Bären oder der Waschbären gehört. Den Autoren von *Of Pandas and People* zufolge „kam ungefähr die Hälfte der Studien über die Pandas zu dem Ergebnis, dass sie Bären seien und die andere Hälfte, dass sie zu den Waschbären gehörten". Percival Davis und Dean H. Kenyon erklären, dass eine im Jahre 1964 durchgeführte Studie schließlich zu dem Schluss kam, der heute allgemein akzeptiert wird: „Der Große Panda ist ein Bär, doch der Kleine Panda ist ein Waschbär."

Eine weitere Bestätigung erfolgte in den neunziger Jahren des zwanzigsten Jahrhunderts nach der Veröffentlichung genauerer Molekularanalysen, die der *Encyclopaedia Britannica* zufolge „zwingend darauf schließen lassen, dass Bären die engsten Verwandten des Großen Pandas sind".

Was ihre Essgewohnheiten anbelangt, so waren sich alle Wissenschaftler einig, dass Große Pandas ausschließlich Vegetarier seien – bis chinesische Bauern anfingen, hin und wieder eine einzelne Ziege zu vermissen. Schließlich stellte sich heraus, dass die Ziegen von den örtlichen Pandas gefressen worden war. Dazu noch einmal die *Encyclopaedia Britannica:* „Pandas behalten einen Gefallen an Fleisch, das als Köder benutzt wird, um sie einzufangen und ihnen ein Funkhalsband umzulegen, was sie manchmal zu einer Plage in Camps hat werden lassen."

George B. Schaller, Autor von *Giant Pandas*, bestätigt ebenfalls, dass Pandas nicht ausschließlich Vegetarier sind: „Obwohl neunundneunzig Prozent ihrer Nahrung aus Bambus besteht, ist der Gefallen der Pandas an Fleisch ziemlich gut dokumentiert."

„Der Ausspruch ‚Schwitzen wie ein Schwein' rührt daher, dass auch Schweine schwitzen!"

DIE SPÄTEN VIKTORIANER waren die Ersten, die ausriefen: „Ich schwitze wie ein Schwein!" Ein gleichermaßen verbreiteter, alltäglicher Ausdruck war laut *Cassell's Dictionary of Slang* „Ich schwitze wie ein Bulle". Die Viktorianer hatten halb Recht, denn Rinder schwitzen tatsächlich, während Schweine, die aus schattigeren Klimazonen stammen, nicht schwitzen können. Pech für den Ruf des schuldlosen Schweins, dass der frühere Ausdruck bis heute fortbesteht ...

Marvin Harris, Anthropologe und Verfasser eines Buches mit dem ungewöhnlichen Titel *Cows, Pigs, Wars, and Witches: The Riddles of Culture*, informiert uns nicht nur kurz und bündig, dass „Schweine nicht schwitzen können", er verrät uns auch, dass der Mensch das am stärksten schwitzende Säugetier überhaupt ist!

Wenn ein Schwein direktem Sonnenlicht und Lufttemperaturen von mehr als 37° C ausgesetzt ist, muss es, so Harris weiter, „seiner Haut externe Feuchtigkeit zuführen" und tut dies gewöhnlich durch „Suhlen in frischem, sauberem Schlamm".

Die Schweineexpertin Priscilla Valentine führt in *Potbellied Pig Behaviour and Training* aus, dass „das Schwein praktisch keine Schweißdrüsen besitzt, um sich abzukühlen. Der Schlamm hat die Funktion einer natürlichen Hautpflege ... und eines Insektensprays und Sonnenschutzmittels."

15. KAPITEL

EIN GEPFLEGTES ÄUSSERES

„Haare können über Nacht weiß werden!"

IN IHREM BUCH *Biological Perspectives on Human Pigmentation* nennt die klinische Pharmakologin Ashely H. Robins berühmte historische Beispiele für diese Behauptung, darunter Sir Thomas More, dessen Haare und Bart in der Nacht vor seiner Hinrichtung weiß geworden zu sein schienen. Auch Marie Antoinettes Haare sollen weiß geworden sein, nachdem sie während der Französischen Revolution „von der wilden Menschenmenge auf herzloseste Weise verunglimpft und beschimpft worden war", wie in der *National Cyclopaedia of Useful Knowledge* von 1850 nachzulesen ist.

In *The World of Hair* führt Dr. John Gray jedoch aus, dass „ein schwarzes Haar nicht plötzlich von selbst weiß werden kann ... Haare wachsen jahrelang mit darin enthaltenem Pigment, und da sie „tot" sind, gibt es keinen Vorgang, der das Melanin im Haar auf natürliche Weise rasch zerstört." Wie kann also ein Kopf voller Haare über Nacht weiß werden, wenn nicht ein einziges Haar seine Farbe ändert?

Marilyn Sherlock, Vorsitzende des britischen Instituts für Trichologie, erklärt, dass der trügerische Eindruck von komplett weiß werdendem Haar auf eine Funktionsstörung mit Namen *Alopecia are-ata* zurückzuführen ist: „Manchmal erfasst dieser Zustand nur pigmentierte Haare. Hat die Person graue Haare (eine Kombination aus ihrer natürlichen Haarfarbe und weiß), können die dunklen Haare buchstäblich über Nacht ausfallen. Nur die weißen Haare bleiben zurück."

Der Wissenschaftsautor Christopher Wanjek meint, Stress könne dazu führen, dass das pigmentierte Haar über einen Zeitraum von zwei Wochen ausfällt und nur die weißen Haare zurückbleiben.

Was nun Sir Thomas Mores angeblich über Nacht weiß gewordenen Haare anbelangt, so ist eine unmittelbar bevorstehende Enthauptung sicherlich Stress genug, um jedermanns Haare ausfallen zu lassen!

„Anti-Ageing-Cremes haben eine Wirkung!"

DAS BRITISCHE KONSUMENTENMAGAZIN *Which?* führte 1998 eine Doppelblindstudie durch, bei der sechsundneunzig Frauen gewöhnliche Feuchtigkeitscremes im Vergleich zu Anti-Ageing-Cremes testeten. Der „vierwöchige Test ergab, dass die Frauen [danach] nicht sagen konnten, ob sie eine gewöhnliche Feuchtigkeitscreme oder eine Anti-Ageing-Creme benutzt hatten".

Die von *Which?* ermittelten Ergebnisse zeigten, dass bei den getesteten Anti-Ageing-Cremes „einige auf die Inhaltsstoffe bezogenen Ansprüche zwar begründet sind, sie in der Creme aber in derart niedriger Konzentration vorkommen, dass sie nicht mehr bewirken, als die Haut mit Feuchtigkeit zu versorgen".

Christopher Griffiths, Professor für Dermatologie, erklärt: „Trotz beträchtlicher finanzieller Mittel, die in die Erforschung des ‚Jungbrunnens' investiert werden, sind die meisten Anti-Ageing-Mittel wenig besser als teure Feuchtigkeitscremes."

Der Dermatologe empfiehlt stattdessen „die wirkungsvolle Verwendung von Sonnenschutzmitteln mit einem Lichtschutzfaktor von mindestens fünfzehn", um ein jugendliches Aussehen zu bewahren.

„Eine Nassrasur sollte gegen die Wuchsrichtung des Haares erfolgen!"

VIELE MÄNNER RASIEREN sich entgegen der Wuchsrichtung der Barthaare, weil sie annehmen, dadurch ein glatteres Ergebnis zu erzielen. Die Experten behaupten dagegen, dass alles, was man damit erreiche, ein scheußlicher Fall von „Rasurbrand" sei: „Wenn in Wuchsrichtung des Haares rasiert wird",

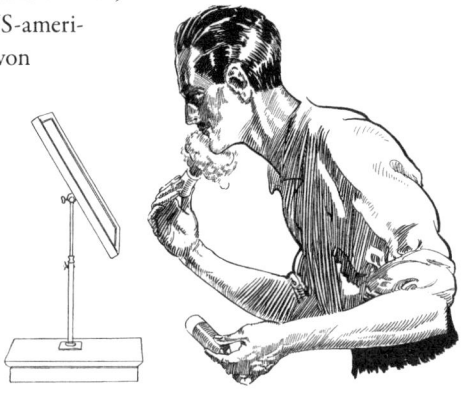

so Derma-Safe, ein US-amerikanischer Hersteller von chirurgischen Vorbereitungsrasierern, „wird das Haar einfach gegen die Haut gedrückt und abgeschnitten ... Erfolgt die Rasur entgegen der Wuchsrichtung des Haares, wird das Haar zunächst durch die Klinge

aufgerichtet und gegen die Haut geneigt. Dadurch wird die Haut hinter dem Haar angehoben. Beim Eindringen der Klinge in das Haar, wird diese angehobene Hautstelle abgeschoren. Die Epidermis erleidet erheblichen Schaden und die Klinge wird stumpf."

Der Londoner Herrenfriseur Geo F. Trumper stimmt dem voll und ganz zu und rät seiner männlichen Kundschaft, immer in Richtung des Bartwuchses zu rasieren: „Rasieren Sie niemals ‚gegen den Strich' des Bartes, weil dadurch die Haut in die falsche Richtung gezogen wird und kleine Schnitte und Abschürfungen in der Haut entstehen – die Hauptursache für Rasurbrand."

Auch der Gentlemen's Shop in Hungerford im englischen Bershire bestätigt, dass ein Mann immer „in Wuchsrichtung des Bartes und nie dagegen" rasieren sollte.

Alle drei Experten betonen außerdem, wie wichtig die Verwendung einer guten scharfen Klinge ist.

„Weiße Flecken auf den Nägeln weisen auf einen Kalziummangel hin!"

NELSON LEE NOVICK, Professor für Dermatologie, berichtet, dass bei schlecht ernährten Menschen in Entwicklungsländern „gewisse Ernährungsdefizite, besonders Zink- und Proteinmangel in der Ernährung, die Nägel fast komplett bis auf die Spitzen weiß werden lassen können oder ein über die Breite der Nägel verlaufendes Muster aus Streifen verursachen". Dagegen, so Novick, sind in der westlichen Welt die meisten weißen Flecken auf Nägeln auf ein „leichtes Trauma wie beispielsweise das Schlagen oder Stoßen der Fingernägel auf oder in etwas hinein" zurückzuführen.

Die New York Nail Company bestreitet, dass die weißen Flecken auf den Fingernägeln ein Zeichen von Kalziummangel sind: „Weiße Flecken treten auf, wenn die Nagelplatte einem Trauma ausgesetzt war ... Ein Schlag auf die Nagelplatte kann zu Luftlöchern in der Oberfläche führen, die als weiße Flecken erscheinen."

In ihrem Buch *Standard Nail Technology* bestätigt die Kosmetikerin Sue Ellen Schultes diese Aussage, indem sie erklärt, dass die als „Leukonychie" bekannten weißen Flecken normalerweise durch „Luftblasen, eine Prellung oder eine andere Verletzung des Nagels" entstehen.

Sollten Sie also auf einem Ihrer Fingernägel einen kleinen weißen Fleck entdecken, so ist das kein Zeichen dafür, dass Sie nun jeden Tag einen Liter Milch trinken oder Kalziumtabletten schlucken müssen: Aller Wahrscheinlichkeit nach haben Sie lediglich Ihren Fingernagel verletzt, ohne es zu merken!

108

16. KAPITEL

MEDIZINISCHE THEMEN

„Anorexie ist eine Folge des modernen Schlankheitswahns !"

OBWOHL ANOREXIE UMGANGSSPRACHLICH als „Magersucht" bekannt ist, ist diese Bezeichnung irreführend und gibt keine brauchbare oder genaue Erklärung des Zustandes wieder, der sehr ernsthaft und nicht nur eine Manie in Bezug auf Gewicht oder Abnehmen ist. Der Grund für Anorexie ist denn auch weitaus komplexer als der einfache Wunsch, Gewicht zu verlieren.

Auch die medizinische Bezeichnung „Anorexia nervosa" ist wenig hilfreich für diejenigen, die den Zustand zu verstehen versuchen: Der Begriff bedeutet wortwörtlich „Appetitverlust nervösen Ursprungs", doch der Patient hat normalerweise den Appetit bezwungen und nicht verloren. Viele geheilte Patienten geben zu, dass sie oft extrem hungrig waren, es sich aber selbst versagt haben, etwas zu essen.

Gemäß der Gesundheitsberatungsstelle NHS Direct haben die Gründe für „Anorexia nervosa" trotz eines teilweisen Zusammenhangs mit „der modernen Einstellung, dünn sein zu müssen ... auch mit Gefühlen der Kontrolle und des Selbstwerts zu tun". Ein vom britischen Krankenversicherer BUPA zusammengestelltes Informationsblatt bestätigt diese Ansicht. Dort heißt es, dass „Gewichtskontrolle ein Ersatz für das Erlangen von Kontrolle in anderen Lebensbereichen sein kann".

„Ein Augapfel kann fachkundig entfernt, gereinigt und wieder eingesetzt werden!"

MANCHMAL HÖRT MAN erstaunliche Geschichten über Rettungssanitäter oder Ersthelfer, die das Augenlicht eines Menschen gerettet haben, indem sie seinen Augapfel entfernt, einen Fremdkörper herausgespült und den Augapfel anschließend wieder eingesetzt haben. Das hört sich zwar spektakulär an, ist aber völlig unmöglich, wie der Augenheilkundler R. D. Daniel vom Moorfield's Eye Hospital in London, erklärt: „Das Auge ist mit dem Gehirn durch den optischen Nerv verbunden. Der optische Nerv setzt sich aus Bündeln von Ner-

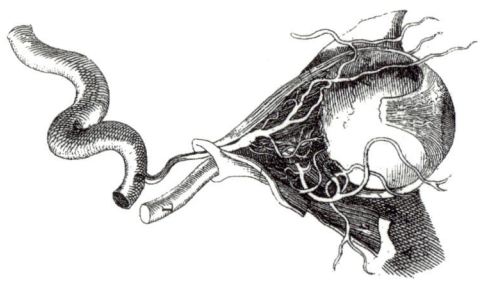

venfasern zusammen, die sehr wichtige Blutgefäße umgeben und nicht gedehnt werden können ... Es ist ganz sicher nicht genug Spielraum vorhanden, um ein Auge aus der Höhle zu entfernen, ohne dauerhaften Schaden am Nerv anzurichten ... Ein Auge würde nur zur dauerhaften Entfernung aus der Augenhöhle genommen werden."

„Tierfell und Staub verursachen Allergien!"

VIELE MENSCHEN, DIE unter Nasal- oder Atemallergien leiden, nehmen an, das Fell eigener oder fremder Haustiere sei der Grund für ihre Symptome. Gemäß Ellen Mazo, Co-Autorin von *The Immune Advantage*, ist der wahre Schuldige „ein Protein, das mit den Schuppen (toten Hautzellen) des Tieres und dem Speichel freigesetzt wird". Bei kleineren Tieren kann sich das Allergen im Urin befinden, und so kann ihre Streu zu einem Sammelbecken des Allergens werden.

In *Rex Cats: A Complete Pet Owner's Manual* bestätigt die Katzenspezialistin J. Anne Helgren, dass nicht das Fell der Tiere für Allergien verantwortlich ist, sondern das allergene Protein ‚Fel dI', welches sich im Speichel der Katze befindet und auf das Fell gelangt, wenn sich die Katze putzt: „Wenn Katzen sich putzen, verteilen sie das Protein auf ihrem Fell, egal ob es glatt, lockig, gewellt oder überhaupt nicht vorhanden ist." Dabei, so Dr. Laurence A. Smolley in ihrem Buch *Breathe Right Now,* „produzieren Katzen ... ein Drittel weniger Allergie auslösendes Protein als Kater".

Ebenso sind es nicht Staub oder Hausstaubmilben, auf die die meisten Asthmatiker reagieren. Dr. Jonathan Brostoff schreibt in seinem Buch *Hay Fever,* dass der Auslöser „ein Verdauungsenzym ist, ... das sich auf den Ausscheidungen der Milben befindet". In *The Allergy and Asthma Cure* bestätigt Dr. Fred Pescatore, dass die Ausscheidungen von Hausstaubmilben „die am meisten verbreiteten Auslöser von immer wiederkehrenden Allergie- und Asthmasymptomen sind, wie beispielsweise eine verstopfte oder laufende Nase, juckende, wässrige Augen, Husten und Atemnot".

„Bei Rückenschmerzen hilft Bettruhe!"

FÜR EINEN UNTER Rückenschmerzen Leidenden, so BackCare, eine Vereinigung zur Bekämpfung von Rückenschmerzen, „ist Bettruhe nicht empfehlenswert. Sie verschlimmert das Ganze noch und sollte deshalb vermieden werden." Jüngsten Untersuchungen zufolge, so BackCare, fühlen sich Patienten, die weiter normalen Beschäftigungen nachgehen, anstatt sich für längere Zeit ins Bett zu legen, „ge-

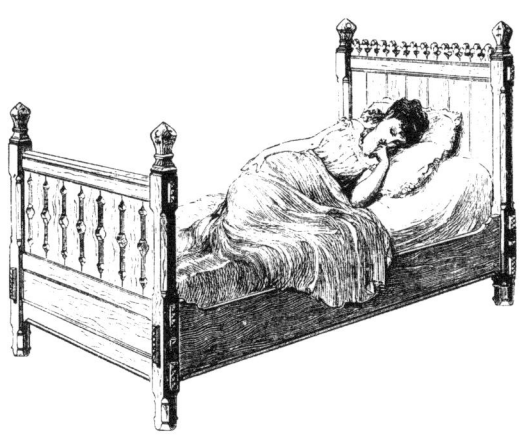

sünder, nehmen weniger Schmerzmittel und sind nicht so erschöpft wie diejenigen, die ihre Tätigkeiten einschränken."

Die Britische Vereinigung der Chiropraktiker unterstützt diese Ansicht und rät, während der Erholungsphase aktiv zu bleiben, da „anhaltende Bettruhe die Knochen und Muskeln schwächt und die Aussicht auf Genesung vermindert".

Ein finnisches Forscherteam unter Leitung von A. Malmivaara fand 1995 heraus, dass bei der Behandlung von akuten Schmerzen des unteren Rückens die Genesung am langsamsten verlief, wenn den Patienten Bettruhe verordnet worden war. Ihre im *New England Journal of Medicine* veröffentlichten Ergebnisse ließen die Forscher zu dem Schluss gelangen, dass es Patienten mit akuten Schmerzen im unteren Rückenbereich schneller besser ging, wenn sie „weiterhin normalen Tätigkeiten nachgingen, soweit es die Schmerzen zuließen".

„Eingewachsene Zehennägel wachsen in den Zeh hinein!"

DER AUSDRUCK „EINGEWACHSENER Zehennagel" vermittelt einen falschen Eindruck. In *Symptome und klinisches Bild bei chirurgischen Erkrankungen* erklärt Professor Norman L. Browse, dass die Seiten des Zehennagels nur „scheinbar in die Substanz des Zehs wachsen oder sich eingraben". In Wirklichkeit „wächst der Nagel normal... [und nur]... der unregelmäßige Rand schädigt die Haut".

Der Gesundheitsdienst NHS Direct erklärt, wie das Problem entsteht: „In diesem Zustand ist das den Nagel umgebende zarte Gewebe entzündet, eine nachfolgende Infektion ... führt zum ... Anschwellen ..., [welches] ... die Ränder des Nagels überlappt und somit den Eindruck vermittelt, der Nagel sei in das Gewebe hineingewachsen."

Wie wird der Rand des Zehennagels überhaupt unregelmäßig? Professor T. J. David nennt „seitlichen Druck auf den Zeh aufgrund von schlecht sitzendem Schuhwerk'" als Hauptgrund und fügt hinzu, dass auch „das halbmondförmige Schneiden des Zehennagels" anstatt eines geraden Schnitts" zu geschädigter Haut führen könne.

> „Die häufigste Ursache für Erkältungen und Lungen-
> entzündung sind Zugluft, Unterkühlung, überraschende
> Regenschauer oder nasse Haare im Freien!"

DIE ZEITEN, IN denen man Niesanfälle darauf schieben konnte, von einem Regenschauer überrascht worden zu sein, sind vorbei: „Erkältungsviren sind der einzig wahre Grund für Erkältungen ... Wenn kein Virus in der Nähe ist, bekommt man keine Erkältung oder Lungenentzündung, egal wie durchnässt man ist", so der Wissenschaftspublizist Christopher Wanjek in seinem Buch *Bad Medicine*. Wanjek untermauert diese Behauptung mit der Tatsache, dass „Wissenschaftler in der Antarktis und in der Arktis selten Erkältungen haben, weil um sie herum nur wenige Menschen sind, die ein Erkältungsvirus verbreiten können".

Dr. Robert Bradsher, Spezialist für Infektionskrankheiten an der University of Arkansas for Medical Sciences, erklärt, dass „Viren, einschließlich Influenzaviren, sehr infektiös sind und von einer zur nächsten Person übertragen werden, indem man etwas anfasst, das den respiratorischen Virus auf sich trägt und dann mit der Hand sein Auge, seine Nase oder seinen Mund berührt." Bradsher fügt hinzu, die wirksamsten Mittel zur Vermeidung von Erkältungen seien gewöhnliches „Händewaschen oder die Verwendung einer auf Alkohol basierenden Handwaschlösung".

Das Common Cold Centre an der Cardiff University bestätigt, dass „es keinen wissenschaftlichen Beweis dafür gibt, dass ein Abkühlen des Körpers eine erhöhte Anfälligkeit für Infektionen oder eine zunehmende Schwere der Symptome verursacht".

„Fieber muss man aushungern!"

DIE VORSTELLUNG, MAN könne Fieber aushungern, entbehre jeder medizinischen Grundlage, sagt Dr. Kern von der University of Arkansas for Medical Sciences und warnt, das Fasten würde überdies „die Fähigkeit, sich von einer Erkältung zu erholen, behindern."

„Jeder, der an einer Erkältung leidet oder sonst irgendwie fiebert, sollte viel Flüssigkeit zu sich nehmen und essen, was und wann immer er mag", empfielt das britische Cold and Flue Council.

In *Wie Ihr Kind gesund aufwachsen kann* rät Dr. Robert Mendelsohn seinen Lesern, das alte Märchen, man solle eine Erkältung füttern und Fieber aushungern, zu ignorieren. Seinem fachmännischen Urteil nach ist „Ernährung ein wichtiger Teil bei der Genesung von jeder Krankheit". Er fügt hinzu, dass sowohl Erkältungen wie auch Fieber Kalorien verbrennen, die ersetzt werden müssen und rät: „Sie sollten sowohl Erkältungen wie auch Fieber bis zu dem von ihrem Kind tolerierten Maße füttern."

17. KAPITEL

DER MENSCHLICHE KÖRPER

> „Beim Niesen hört das Herz auf zu schlagen.
> Darum sagen wir ‚Gesundheit'!"

IST AN DIESER Behauptung etwas Wahres dran? Setzen wir gar bei jeder Erkältung unser Leben aufs Spiel? Dr. Tom Wilson von der Washington University School of Medicine beruhigt: „Das Herz ist eine große Masse von elektrisch aktivem Gewebe, und diese elektrische Aktivität hört wegen eines Niesers nicht auf." Er schlägt vor, wir sollten beim nächsten Niesen unseren Puls überprüfen, um dies nachzuweisen.

Warum aber sagen wir „Gesundheit", wenn jemand niest? Nach Plinius, einem Naturhistoriker des ersten Jahrhunderts, geht das „Salute", welches man äußere, wenn jemand niese, auf Tiberius Caesar zurück, der es seinen Untertanen abverlangte, „wenn er in seinem Streitwagen umherfuhr". Wenn Tiberius Caesar unter seinen Untertanen die Runde machte, entstand demnach der Eindruck, als ob das Volk ihm Gesundheit wünschte für den Fall, dass er niesen sollte.

In seinem Buch *Pseudoxia Epidemica* schreibt Sir Thomas Browne, ein Doktor des siebzehnten Jahrhunderts: „Was das Sternutatio oder Niesen anbelangt und den Brauch, darauf mit ‚Salute' oder ‚Gesundheit' zu reagieren, so wird … allgemein angenommen, dass dessen Ursprung von einer Krankheit herrührt, bei der sich das Sternutatio als tödlich erwies und diejenigen, die niesten, starben."

Dr. Wilson hält eine weitere Erklärung bereit: Wenn früher eine Person nieste, glaubte man, ihre „Seele könne entfliehen oder Dämonen und böse Geister eindringen", deshalb sei das Bedürfnis entstanden, Gesundheit zu wünschen, um negativen Auswirkungen des Niesens auszugleichen.

„Wir nutzen nur gerade 10 Prozent unseres Gehirns!"

IN SEINEM BUCH *Bad Medicine* datiert Christopher Wanjek das erste belegte Vorkommen des 10-Prozent-Ausspruchs in das Jahr 1944 zurück und zitiert zum Beleg aus einer Werbung „für das Pelman Institute, welches Weiterbildungskurse anbot": „Was hält Sie zurück? Nur eine Tatsache – eine wissenschaftliche Tatsache. Das ist alles. Weil Sie, wie die Wissenschaft sagt, nur ein Zehntel Ihrer wirklichen Intelligenz nutzen!"

Dr. Nadine M. Weidmaner führt den Ursprung der bis heute populären Theorie, der Mensch würde nicht sein gesamtes Gehirn verwenden oder benötigen, auf das Jahr 1935 zurück, als der Wissenschaftler Karl Spencer Lashley mit Ratten experimentierte und zu dem Schluss kam, dass „gut die Hälfte des Zerebrums [Hauptteil des Gehirns] zerstört werden konnte, ohne die Lernfähigkeit der Ratte deutlich zu beeinträchtigen".

Nach Professor Chris Frith vom Wellcome Department of Imaging Neuroscience ist „die Vorstellung, wir würden nur zehn Prozent unseres Gehirns nutzen, ein Märchen. Alle unsere Gehirnzellen sind die ganze Zeit über aktiv, sogar wenn wir schlafen." Schon Beschädigungen kleinster Regionen unseres Gehirns können deshalb verheerende Auswirkungen haben.

Weil die Wissenschaftler glücklicherweise mit der gesamten Kapazität ihrer Gehirne daran gearbeitet haben, lässt sich, so Wanjek, heute mit der „Magnetresonanz-, Computer- und Positronen-Emissions-Tomographie beweisen, dass es im Gehirn keine inaktiven Regionen gibt ... noch nicht einmal im Schlaf".

„Frauen haben keinen Adamsapfel!"

DER ADAMSAPFEL IST DER hervortretende Teil des Schildknorpels am Kehlkopf.

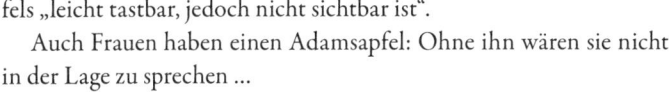

Obwohl es auf den ersten Blick so aussieht, als wäre der Adamsapfel ein ausschließlich männlicher Teil der Anatomie, versichert uns der Biologieprofessor I. Edward Alcamo in *Anatomie und Physiologie für Dummies*, dass er „bei erwachsenen Männern lediglich ausgeprägter ist als bei erwachsenen Frauen". Und in der *Applied Radiological Anatomy* lässt sich nachlesen, dass die weibliche Version des Adamsapfels „leicht tastbar, jedoch nicht sichtbar ist".

Auch Frauen haben einen Adamsapfel: Ohne ihn wären sie nicht in der Lage zu sprechen ...

„Ein Ertrinkender kommt dreimal an die Oberfläche, bevor er untergeht!"

ES IST UNKLAR, woher dieses gefährliche Märchen stammt, das Penelope Leach in *Your Growing Child* als „totalen Blödsinn" abtut. Sie betont, dass, wenn ein Kind in tiefes Wasser fällt, es lebenswichtig ist, „es sofort herauszuziehen, wenn es an der Oberfläche auftaucht ... Wenn Sie warten, während es auftaucht und wieder untergeht, kann es zu spät sein."

David Walker, Pressesprecher der Royal Society for the Prevention of Accidents stimmt dem zu: „Der Aberglaube, dass ein Ertrinkender dreimal an die Wasseroberfläche kommt, bevor er untergeht, ist widerlegt ... Wir haben über sechstausend Ertrinkungsfälle untersucht, und nach unseren Aufzeichnungen liegt bei keinem ein stichhaltiger Beweis für die ‚Dreier'-Legende vor. Ertrinkende gelangen nur einmal an die Wasseroberfläche: kurz bevor sie gerettet werden oder ihnen aus dem Wasser geholfen wird. Ein zweites Mal tauchen sie nur auf, wenn ihre Körper nach dem Tod geborgen werden."

„Ertrinken geht schnell und geräuschlos vonstatten", sagt auch Dave Smith, Berater für Sicherheit im Wasser. „Bei kleinen Kindern dauert es ungefähr zwanzig Sekunden, bei Erwachsenen bis zu einer Minute."

Walker zufolge „gibt es zahlreiche Fälle von ‚Kaltwasserschock-syndrom', bei dem sogar erfahrene Wassersportfreunde unmittelbar nach dem Gang ins Wasser ertrunken sind".

Anders ausgedrückt: In der Zeit, die man für die Entscheidung benötigt, ob jemand ernsthaft in Gefahr ist, ist er vielleicht schon ertrunken.

> „Es gibt vier Geschmacksrichtungen – salzig, süß, bitter und sauer – die jeweils nur in bestimmten Bereichen der Zunge wahrgenommen werden können!"

LANGE ZEIT WURDE angenommen, die Zunge habe aufgrund besonders angeordneter Rezeptoren vier Geschmacksempfindungen: für salzig und süß an der Zungenspitze, für bitter am Zungengrund und für sauer entlang der Zungenränder. Ich erinnere mich an ein Experiment, das wir in der Schule durchführten, um diese Theorie zu beweisen. Wir tropften den ganzen Nachmittag Salzwasser, Sirup, Zitronensaft und etwas, das nach Birnenbonbon schmeckte, auf verschiedene Bereiche der Zunge der Schulkameraden. Das Ergebnis? Zweiunddreißig sehr verklebte Schulkinder.

Es hätte uns nicht beunruhigen müssen. *Delmar's Fundamentals of Anatomy and Physiology* zufolge können nämlich „alle Geschmacksknospen alle vier Geschmacksrichtungen wahrnehmen".

Der an anderer Stelle bereits zitierte Christopher Wanjek weiß zu berichten, dass „die allgegenwärtige Zungenlandkarte ... auf einer hundert Jahre alten Fehlinterpretation basiert". Wissenschaftler häten die Resultate der Zungen-Geschmacks-Forschungsarbeiten von Hanigs (1901) und Borings (1945) falsch interpretiert und „angenommen, dass Regionen mit geringerer Empfindsamkeit Regionen ohne Empfindsamkeit seien."

Geschmacksknospen sind nicht nur auf die Zunge beschränkt. Die im *Journal of Applied Physiology* veröffentlichten Ergebnisse der

Forscher R. I. Henkin und R. L. Christiansen belegen, dass „Geschmacksknospen auf der Zunge, auf dem Gaumen und im Rachen [dem Hohlraum hinter der Nase und dem Mund, der diese mit der Speiseröhre verbindet] ebenfalls alle vier Geschmacksmodalitäten wahrnehmen".

Im Hinblick auf das Vorhandensein von vier erkennbaren Geschmackstypen weist der Anatom Gerard J. Tortora in seinem Buch *Grundlagen der Anatomie und Physiologie* darauf hin, dass heute „fünf Hauptgeschmacksrichtungen unterschieden werden können: sauer, süß, bitter, salzig und umami". Umami wurde der Liste kürzlich von japanischen Wissenschaftlern hinzugefügt und als „fleischartig" oder „pikant" beschrieben.

„Schlangenmenschen haben doppelte Gelenke!"

SCHLANGENMENSCHEN, ALSO KÜNSTLER, die in der Lage sind, sich in winzige Kästen zu quetschen und ihre Körper zu unnatürlichen Formen zu verbiegen, sollen angeblich „doppelte Gelenke" haben. Natürlich haben sie das nicht!

Der *Oxford Companion to the Body* informiert uns, dass „diese Menschen nicht ‚doppelte' Gelenke haben, sondern über eine überdurchschnittliche Gelenkbeweglichkeit verfügen" – der korrekte medizinische Begriff dafür ist „Gelenkhypermobilität".

„Chinesen und Japaner können den Buchstaben ‚r' nicht aussprechen!"

DIE MANDARIN SPRECHENDEN Menschen aus den nördlichen Teilen von China, inklusive Beijing/Peking und Shanghai rollen das „r" genauso gut oder schlecht wie der durchschnittliche Europäer. Es sind nur die Chinesen aus Südchina (hauptsächlich diejenigen, die

Kantonesisch sprechen) und die Japaner, die Schwierigkeiten mit dem „r" haben – aber nicht, weil sie es nicht aussprechen könnten.

Bei unserer Geburt sind unsere Gehirne äußerst empfänglich für die Laute unserer eigenen Sprache. Wie der Neurologe Gargi Talukder in *How the Brain Learns a Second Language* erklärt, hören unsere Gehirne nach einiger Zeit auf, „Phoneme [Sprachlaute] zu registrieren, die für unsere Muttersprache nicht wichtig sind".

Victoria und Robert Rodman erklären in ihrem Buch *An Introduction to Language*, dass Sprecher, die den Unterschied zwischen ähnlichen Phonemen nicht heraushören, diese „wegen der akustischen Ähnlichkeit dieser Laute" gegenseitig austauschen.

Menschen, die eine Fremdsprache erst im Erwachsenenalter gelernt haben und deren Muttersprache nicht über dieselben Laute verfügt, haben Schwierigkeiten, den Unterschied zwischen zwei ähnlichen Sprachlauten festzustellen. Sie erkennen den Unterschied zwischen den beiden Konsonanten „r" und „l" nicht ohne weiteres und sind deshalb nicht in der Lage zu sagen, ob sie sie richtig aussprechen.

18. KAPITEL
UMGANG MIT WORTEN

„Die Eskimos haben vierhundert Worte für ‚Schnee'!"

GEOFFREY K. PULLUM, Professor für Linguistik und Autor von *The Great Eskimo Vocabulary Hoax* verweist die populäre Behauptung ins Reich der Fantasie und beteuert, dass „Eskimos nicht viele Worte für Schnee haben, und dass keiner, der etwas über Eskimos weiß, je das Gegenteil behauptet hat".

Pullum vermutet, dass der Irrglaube auf den Artikel „Science and Linguistics" aus den vierziger Jahren des zwanzigsten Jahrhunderts zurückzuführen ist, in welchem der Linguist Benjamin Lee Whorf die Arbeit des Anthropologen Franz Boas zitiert, der eine diesbezügliche, wenn auch nur vage Andeutung gemacht hat. Das Märchen hat sich dann schneeballartig (sorry!) verbreitet. Pullum zufolge „stammt die Zahl vierhundert aus dem Beitrag eines Journalisten, der [bei der nachträglichen Befragung durch einen Redakteur der Zeitschrift] zugab, überhaupt keine Quelle für diese Zahl nennen zu können".

Um die Dinge nun richtigzustellen, weist Pullum darauf hin, dass die Sprache der Yup'ik-Eskimos in Zentralalaska „ungefähr ein Dutzend Worte hat (sogar ein paar Dutzend, wenn man ziemlich großzügig ist bei dem, was man hinzuzählt), um sich auf Schnee und verwandte Naturphänomene, -ereignisse oder -verhaltensweisen zu beziehen".

„Der Bikini ist nach einem Der „Der Bikini ist nach einem zweiteiligen Atoll im Pazifik benannt worden!"

DAS EINZIGE PROBLEM mit dieser Behauptung ist, dass das Bikini-Atoll aus einem Ring von bis zu sechsunddreißig kleinen Koralleninseln besteht und somit kein aus zwei Teilen bestehendes Atoll ist.

Der erste Bikini wurde am 5. Juli 1946 von der Tänzerin Micheline Bernardi auf einer Modeschau in Paris vorgeführt. In einem Artikel für die Zeitschrift *Eye* schrieb Steven Heller, dass der „französische Bademodendesigner Louis Réard den Namen ‚Bikini' von den Marshallinseln entlieh, wo 1946 zwei amerikanische Atombomben getestet worden waren", und beschreibt, wie Réard in einem Anflug schlechten Geschmacks seine Kreation „Bikini" nannte, „weil er dachte, dass der Name den explosiven Effekt erkennen lasse, den das Kleidungsstück auf die Männer haben würde". Réard selbst behauptete später, er habe den knappen, zweiteiligen Badeanzug nach den Inseln und nicht nach der Explosion benannt.

„S.O.S. ist ein Akronym für ‚Save Our Souls'!"

WOFÜR STEHT S.O.S.? Für *Save Our Ship* (Rettet unser Schiff) oder für *Save Our Souls* (Rettet unsere Seelen)?

Das erste von der britischen Marconi Co. eingeführte und ab dem 1. Februar 1904 geltende Notrufsignal war C.Q.D. Diese Buchstaben waren tatsächlich eine Abkürzung: C.Q. war ein gekürzter Ausdruck für *seek you* (Suche dich) und D stand für *danger* (Gefahr) oder *distress* (Notfall). Sie wurden jedoch auch als *Come Quickly: Danger* (Komm schnell: Gefahr) interpretiert.

„Die Buchstaben S.O.S.", so Robert Hendricksonn im *Ocean Almanac* „wurden 1908 gewählt, weil die Morsezeichen dafür (dreimal kurz, dreimal lang, dreimal kurz) einfach zu behalten und zu senden waren." Anders ausgedrückt: S.O.S. ist kein Akronym, sondern eine Sequenz von drei Buchstaben, die leicht in das Morsealphabet zu übertragen war. Am 10. Juni 1909 wurde zum ersten Mal ein S.O.S.-Notruf ausgesandt, als die *Slavonia* vor den Azoren Schiffbruch erlitt. Zwei Dampfer nahmen die Signale auf und eilten zu Hilfe.

Übrigens hat das Notrufsignal „Mayday" nichts mit dem ersten Mai zu tun. Es stammt vom französischen Ausdruck *m'aidez* ab, was „hilf mir" bedeutet.

EIN LETZTER TRUGSCHLUSS

„Definitionen sind definitiv!"

NAMEN- UND STICHWORTVERZEICHNIS